Roger G. Lanphear

Der Kurs zum Selbst

In Wahrheit und Liebe von Babaji

Reichel Verlag

Titel der amerikanischen Originalausgabe:
"Unified"
Erschienen bei DeVorss & Company, Publisher
P.O.Box 550
Marina del Rey, CA 90294, USA

Aus dem Amerikanischen übertragen
von Dr. Gerhard Rackur

Deutsche Ausgabe
8. Auflage 2012

Reifenberg 85, 91365 Weilersbach, Germany
Tel. 09194-8900 Fax 09194-4262
e-mail: info@reichel-verlag.de
Internet: www.reichel-verlag.de

ISBN 978-3-926388-35-3

Lerne, Kanal zu sein für WAHRHEIT
und praktische Führung,
wenn Du EINS bist mit Deinem SELBST.

Entwickle alle Deine
GÖTTLICHEN Eigenschaften
- Glück, Intelligenz, Gesundheit,
inneren Frieden und Fülle -
einfach durch EINSsein mit Deinem SELBST .

Erwecke die Erinnerung an Dein SELBST Schritt
für Schritt mit diesem einfachen Leitfaden.

Inhaltsverzeichnis

TEIL II

Definiere Deine höchsten Wünsche und lerne die Gesetzmäßigkeiten der Manifestation

TEIL III

Erweitere Deine Möglichkeiten, Führung zu empfangen

ANHANG

Zusammenfassung von wesentlichen Übungen

Vorwort

Im Laufe meines spirituellen Erwachens habe ich seit Jahren mit Babaji gearbeitet. Er ist ein freundlicher, liebevoller und sehr gütiger Meister. Mein gesamtes Wissen über Babaji entstammt meiner eigenen, inneren Erfahrung mit ihm. Ich weiß nicht, ob er zur Zeit einen physischen Körper hat oder ob er jemals einen Körper gehabt hat. Es spielt wirklich keine Rolle.

Wie jeder von uns erkennen sollte, sind wir alle *all*gegenwärtig und *all*wissend. Nur unser schlafendes Bewußtsein verschließt uns diese Realität zum jetzigen Zeitpunkt noch. Für die Erleuchteten, die großen Lehrer sind es normale und lebendige Wahrheiten, allwissend und überall gegenwärtig zu sein. Babaji ist solch eine erleuchtete Seele.

Er ist zu mir gekommen, weil ich um gütige Führung durch das Licht eines MEISTERS gebeten habe. Durch seine sanfte Nachhilfe bin ich mir langsam meines SELBST immer bewußter geworden. Diese Entwicklung dauert weiter an.

Es war einer der Höhepunkte in meinem Leben, diesen wunderbaren Kurs aus dem Herzen von Babaji zu channeln. Das Wissen hat Gültigkeit. Ich habe die vorhergesagten Resultate in jeder Lektion erfahren. Die Techniken waren ein gewaltiger Schritt in meinem eigenen SELBST-Verwirklichungsprozeß.

Babaji's Kurs beeindruckt mich am allermeisten durch seine Einfachheit. Er ist einfach. Er ist leicht. Der Kurs führt Dich allmählich und sehr behutsam zu vollkommenem SELBST-Vertrauen und *Bewußt*sein Deines HÖHEREN SELBST. Er benutzt die seit uralten Zeiten bewährte Methode, ein Konzept einfach zu machen, verbunden mit liebevoller Wiederholung.

Es gibt meiner Meinung nach keinen Zweifel, daß dieser Kurs von jedem erfolgreich verstanden werden kann. Natürlich gibt es dabei einen Selektionsprozeß: nur diejenigen von Euch, die dafür bereit sind, sind auch interessiert. Das schließt selbstverständlich bereits jeden ein, der dieses Vorwort liest. Laß allein das schon Dein Zeichen sein: Du bist bereit für die Erfahrung, EINS mit Deinem HÖHEREN SELBST zu sein.

Unsere innige Liebe und unser aufrichtiger Dank an Dich, Babaji, von allen von uns, die wir das Glück haben, diesen Kurs zu empfangen. Wir wissen, daß Du während jeder dieser Lektionen bei uns bist.

ROGER LANPHEAR

Der Kurs zum Selbst

Der Kurs zum Selbst

Nie zuvor in der uns bekannten Geschichte der Menschheit stand ein Kurs wie dieser zur Verfügung. Das soll nicht bedeuten, daß es keine Wege zur Erleuchtung gab. Es gab sie, und es gibt sie immer noch zu Tausenden. Tatsächlich war die Gelegenheit zur Entfaltung des vollen menschlichen Potentials nie günstiger.

Millionen von Menschen, unzählige Gruppen und Hunderte von erleuchteten MEISTERN geleiten die Erde in ein neues Zeitalter - ein Zeitalter des Himmels auf Erden. Genau dieser 'emsige Bienenstock' an spiritueller Aktivität ist es, der diesen Kurs möglich macht.

Vor dem jetzigen Zeitpunkt mußte jemand, der auf der Suche war, von einer erleuchteten Seele geleitet werden, die er persönlich identifizieren konnte. Der Weg aus der Dunkelheit war zu dunkel, zu verwirrend. Es bedurfte der hilfreichen Hand von jemandem, der den Weg bereits gegangen war, der sich auskannte.

Die letzten 50 Jahre der spirituellen Wiedergeburt auf diesem Planeten haben für jeden neue Energien und neues Bewußtsein gebracht. Die ersten Pioniere bahnen immer einen Weg; auf diese Weise ist das Gehen leichter für diejenigen, die nachfolgen. Diese Pioniere der spirituellen Bewegungen haben den Weg für die Möglichkeit dieses Kurses und vieler anderer solcher Pfade geebnet.

Die Einzigartigkeit dieses Kurses liegt darin, daß er einen Meilenstein für die Suchenden auf dem Weg markiert. Anstelle eines Gurus ist der Führer Dein eigenes SELBST. Dieser Kurs lehrt Dich systematisch, mit Deinem SELBST in Kontakt zu treten, damit es Dein eigener Lehrer sein kann. Die Lektionen in diesem Kurs kommen im wesentlichen von Deinem SELBST. In *Dir* sind alle Antworten und alle die Hilfe, die Du brauchst, um volle Erleuchtung zu erlangen.

Es gibt fast keine Voraussetzungen, die man für diesen Kurs mitbringen muß. Jeder Mensch mit dem Verlangen nach SELBST-Verwirklichung und Meisterschaft seines Lebens kann ihn absolvieren. Etwas Fleiß und Beharrlichkeit ist hilfreich, aber die täglichen Anforderungen sind gering. Weniger als fünf Seiten sind in jeder Woche zu lesen, aber diese wenigen Seiten sollten gelesen, noch einmal gelesen und klar verstanden werden. Jeden Tag müssen nur ein- oder zweimal je 15 Minuten reserviert werden. Alles andere paßt in die Aktivitäten Deines normalen Lebens.

Keine Änderung im Lebensstil ist nötig oder gar erwünscht. Wenn Du gegenwärtig auf einem spirituellen Weg bist, ändere Deine Gewohnheiten nicht. Fahre fort mit Deinen Meditationen, Deinen Körperübungen, Deinen Chants, Deinen Gebeten, Deinen Zeremonien oder was Du sonst noch tust. Dieser Kurs wird sie ergänzen oder wird ihrer Bedeutung sogar eine neue Dimension geben.

Es gibt nur einen wichtigen Hinweis: vermeide jeglichen Gebrauch von "Freizeit"-Drogen[1]. Während diese Drogen vielleicht gewisse Teilbereiche Deiner Wahrnehmungsfähigkeit schärfen, stumpfen sie andere Bereiche ab. Damit dieser Kurs die Resultate bringt, die Du Dir wünschst, benötigst Du den vollen Umfang Deines Wahrnehmungsvermögens. Die Wichtigkeit, ein freies, ungestörtes Nervensystem zu bewahren, kann nicht überbetont werden. Beeinflusse Dein Nervensystem nicht mit irgendwelchen Drogen, es sei denn, Dein Doktor verschreibt sie.

Dieser Kurs kann in sechs Monaten absolviert werden. Jede Lektion dauert eine Woche. Kürze diese Woche nicht ab. Wenn Du auf der anderen Seite das Gefühl hast, daß bei einer bestimmten Lektion ein paar zusätzliche Tage hilfreich sein könnten, nimm Dir die Zeit. Gehe ganz einfach bei jedem Schritt gewissenhaft, ungezwungen und mit Vertrauen voran.

1Anm. d. Übersetzers: an anderer Stelle erläutert Babaji, daß nicht nur Drogen im engeren Sinne, sondern sogar Tee und Kaffee geistiger Arbeit abträglich sein können (M.G.Wosien, Ich bin Du, Seite 46; G.Reichel Verlag, 1992).

Es ist nur natürlich, fertig sein zu wollen, bevor Du überhaupt anfängst. Das Verlangen, dieses Kurzlehrbuch zu *lesen,* ist verlockend, so als ob Du Dir irgendwelche Erfahrungen einfach nur durch Lesen zu eigen machen könntest. Das funktioniert nicht. Diesen Leitfaden zu lesen, bringt Dir keine SELBST-Verwirklichung. Tatsächlich gibt es *nichts*, was Du nur *lesen* mußt, um zur Erleuchtung zu gelangen. Aus diesem Grunde ist der Umfang des tatsächlichen Wissens, das in diesem Leitfaden aufgeschrieben ist, minimal. Maximales Wissen kommt jedoch von der *Erfahrung* Deines eigenen SELBST. So nimm jede Lektion für sich allein. Kümmere Dich nicht um das, was folgt, bis Du bereit bist, weiterzugehen.

Die Bitte, nicht die Lektionen im voraus zu lesen, kann für einige wißbegierige Naturen zu hart sein. Aus diesem Grunde folgt hier ein kurzer Abriß über das, was man erwarten kann:

Es gibt drei Abschnitte, von denen jeder sieben Wochen dauert. Am Schluß eines jeden Abschnittes steht eine Wiederholungslektion.

Der erste Abschnitt ist der Verwirklichung der bewußten Kommunikation mit Deinem HÖHEREN SELBST gewidmet. Du entwickelst eine Technik mit Sicherheitsvorkehrungen, um mit Deinem HÖHEREN SELBST zu kommunizieren. Am Ende dieses ersten Abschnittes fühlst Du Dich mit der Übung vertraut und hast begonnen, Führung für Dein Leben zu erhalten.

Der zweite Abschnitt verstärkt und erweitert Deine Fähigkeiten zur Kommunikation mit Deinem HÖHEREN SELBST. Du wirst Dir über Deine höchsten und weisesten Wünsche klar. Dann setzt Du - mit Hilfe einer präzisen Formel - die Mechanismen in Gang, die diese Wünsche manifestieren. Am Ende dieses Abschnittes sind die Gesetze der Manifestation ziemlich klar und leicht.

Der dritte Abschnitt erweitert Deine Möglichkeiten, Führung zu empfangen. Du analysierst Deine Träume. Du lernst geschriebene Kommunikation mit Deinem HÖHEREN SELBST und den großen lehrenden MEISTERN. In diesem letzten Abschnitt erweiterst Du auch Dein Bewußtsein und Deine Verbindung mit allen und allem anderen in der Schöpfung. Das wird eine konkrete Erfahrung werden.

Es ist wichtig, sich daran zu erinnern, daß dieser Kurs SELBST-gelehrt ist. Dein eigenes HÖHERES SELBST ist Dein Lehrer. Du bist nicht der Schüler von jemandem anderen. Das ganze Rüstzeug, was Du für die Erleuchtung brauchst, ist Dir schon jetzt bekannt. Alles, was dieser Kurs zu tun verspricht, ist, Dich klar auf Dein HÖHERES SELBST für seine Lehren und seine Führung einzustimmen.

Ein solcher Weg zur Erleuchtung konnte vor dem jetzigen Zeitpunkt nie ganz erfolgreich für alle sein. Es gab zu viel Dunkelheit auf Erden. Nur wenige glückliche Seelen haben erfolgreich ihren Weg ohne die hilfreiche Hand eines irdischen Bruders gefunden. Jetzt aber sind die Strahlen des Lichtes auf Erden so stark, daß Du Deinen eigenen Weg finden kannst. Mache einfach nur Dein Selbst ausfindig, lerne, wie man mit ihm kommuniziert, und gehe. Gehe auf den Pfad zu Frieden, zu Liebe, zu Fülle, zu Freude, zu Erfolg und zum Himmel auf Erden. Wahrhaftig, der Himmel ist innen. Dieser Kurs gibt Dir den Schlüssel.

Weil es sich hier um einen SELBST-gelehrten Kurs handelt, sollen keine Religionen darum herum aufgebaut werden. Keine Person kann für sich in Anspruch nehmen, Dir beim Lernen hilfreich sein zu können, obwohl Du sicherlich mit Freunden, die den Kurs auch absolvieren, zusammenkommen kannst, um Erfahrungen zu diskutieren. *Du* hast die Verantwortung. Dieser Kurs gibt *Dir* die Mittel, um die Kontrolle über *Dein* eigenes Leben wiederzugewinnen. Von nun an kann niemand *Deinen* eigenen Platz in *Deinem* eigenen Leben einnehmen.

Teil I

Entwickle eine Technik zur bewußten Kommunikation mit Deinem Höheren Selbst

ERSTE WOCHE

Im Herzen Zentrieren

Du bist schöner, als Du es Dir jemals hast vorstellen können. Du bist eine Blume des Himmels in voller Blüte. Doch aus irgendeinem Grunde, der nicht wichtig ist - der zumindest die Nachforschung nicht lohnt, verstehst Du Deine Göttlichkeit nicht.

Oh ja: an der Oberfläche geben wir Lippenbekenntnisse ab über das, was wir sind. Dir wurde gesagt, daß Du als Ebenbild GOTTES geschaffen bist, und Du wiederholst und glaubst es. Und es ist bequem und leicht, zu sagen: *Ich bin als Ebenbild GOTTES geschaffen.*

Dieser schrittweise Leitfaden gibt Dir nun aber die Möglichkeit, Dich als dieses Ebenbild zu *erfahren* und *kennenzulernen.* Wer bist Du? Welche Eigenschaften hast Du? Wie sieht das Leben von jemandem aus, der als Ebenbild GOTTES geschaffen ist? Die Erfahrungen dieses Kurses geben die Antworten auf diese Fragen.

Beachte die Struktur dieser göttlichen WAHRHEIT: Ich bin als Ebenbild GOTTES geschaffen. *Ich bin.* Das ist Präsens. Sie sagt nicht, ich war irgendwann einmal Ebenbild GOTTES. Nein. Sie sagt, ich existiere *jetzt* als Ebenbild GOTTES.

Ich bin geschaffen. Noch einmal: sie sagt weder, daß Du jetzt gerade geschaffen wirst, noch, daß Du irgendwann einmal geschaffen werden wirst. Sie sagt, daß GOTT Dich als sein Ebenbild geschaffen *hat.* Die Handlung ist vollendet. Du bist vollständig geschaffen. Du bist *jetzt* als SEIN Ebenbild *vollständig* geschaffen.

Nichts, was Du tun kannst, wird diese grundlegende WAHRHEIT jemals ändern oder hat sie jemals geändert. Nichts. Das ist der Schlüssel zu diesem Kurs. Er lehrt Dich nichts, denn Du bist jetzt schon alles. Er hilft Dir nicht, Dich irgendwohin zu entwickeln, denn Du bist jetzt schon vollkommen entwickelt. Er macht jedoch eine kleine Korrektur in

Deinem Denken. Er bringt Dir die Erfahrung Deines wahren SELBST.

Einer der Gründe, warum Du die Bedeutung von "als Ebenbild GOTTES geschaffen zu sein" vergessen hast, ist, daß Du nur einen sehr kleinen Teil von dem, was GOTT geschaffen hat, in Anspruch nimmst. Warum in der Dunkelheit nur eine Kerze benutzen, wenn Du Flutlicht hast? Dein wunderbarer, phantastischer Körper ist nur die Spitze des Eisberges - weniger als eine Spitze. Dein Sehen, Tasten, Hören, Schmecken und Riechen enthüllen nur den allerkleinsten Teil Deiner Schöpfung.

Jenseits dessen, was Du zu sein glaubst, ist Dein wahres SELBST - lebendig, vibrierend in Liebe und der Quell Deines Glücks und Deiner Fülle. Es ist das SELBST, das Du in diesem Kurs auf leichte und systematische Weise wieder kennenlernen wirst. Und wenn Dir klar wird, wer Du bist, werden Deine wahren Eigenschaften SELBST-verständlich. Du kannst es Dir vielleicht so vorstellen, als würden sie an die Oberfläche kommen oder erweckt, obwohl sie weder eingeschlafen noch verborgen sind.

Was sind das für Eigenschaften? Nun, denke einfach einmal ein paar Minuten über die Eigenschaften nach, mit denen Du GOTT beschreiben würdest. Dann gib diese Eigenschaften ohne Bescheidenheit oder Demut oder Schüchternheit Deinem SELBST. Sie gehören Dir. GOTT gab Dir die gleichen Eigenschaften, die ER SELBST hat. Du bist als SEIN Ebenbild geschaffen.

GOTT ist Licht - das Licht der Welt. Genauso bist Du Licht - Licht, das den dunkelsten Winkel erhellt. Das ist Dein Erbe.

GOTT ist Liebe. Du bist Liebe. Tatsächlich ist alles in der gesamten Schöpfung aus Liebe geschaffen. GOTTES Liebe durchdringt alles. Dieselbe Liebe ist Deine Liebe. Denke an die logischen Konsequenzen. Sie sind weitreichend.

GOTT ist Glückseligkeit, Freude und Wonne. Du bist Glückseligkeit. Du bist Freude. Du bist Wonne. Das ist Deine wahre Natur. Nichts weniger.

GOTT ist vollkommen. Natürlich. Das ist ebenso offensichtlich. Aber *Du?* Vollkommen? Geht das jetzt nicht zu weit? Überhaupt nicht! Du bist die gleiche Vollkommenheit, und das schließt vollkommene Gesundheit, vollkommene Gedanken, vollkommene Handlungen, einfach alles mit ein. Du mußt nur als ein vollkommenes, vollständiges SELBST handeln.

GOTT ist Frieden und Sanftmütigkeit. Du bist Frieden - innerer Frieden ohne Unruhe und ohne Aggressionen. Du bist einfach nur die reine Unschuld, die sich am Leben freut, so wie es ist.

GOTT ist Fülle. Alles ist eins mit GOTT. Die gleiche Fülle ist eins mit Dir. Alle Kräfte der Natur gehören Dir, um alle Wünsche und Bedürfnisse zu erfüllen. Der Schlüssel dazu liegt natürlich darin, aus Deinem ganzen SELBST heraus zu handeln, mit Liebe, Freude, Licht, Frieden und allen anderen Eigenschaften GOTTES.

Dieses ist nur eine kleine Zusammenstellung von GOTTES Eigenschaften. Man kann die Liste sicherlich um das Zehnfache verlängern. In jedem Falle gehören SEINE Eigenschaften Dir. Wenn Du EINS geworden bist, agierst Du mit allen SEINEN Eigenschaften.

Diese erste Lektion von "DER KURS ZUM SELBST" ist dazu bestimmt, Deinem Verstand auf leichte Weise zu sagen, daß Du Dich danach sehnst, Dich mit Deinem wahren SELBST zu vereinen, so wie GOTT Dich geschaffen hat, als SEIN Ebenbild.

Lese dieses Kapitel jeden Tag, so früh wie praktisch möglich. Lies es langsam, wobei Du jeden Satz verstanden haben solltest, bevor Du zum nächsten übergehst. Dann bleibe die nächsten fünf oder zehn Minuten mit geschlossenen Augen bequem sitzen. Laß Deine Aufmerksamkeit sich in Deinem Herzen sammeln und fühle, wie GOTTES Liebe - Deine Liebe - dort pulsiert. Kämpfe nicht gegen Gedanken an, sondern laß sie einfach aufsteigen - wie Luftblasen an die Oberfläche. Wenn Dein Verstand von Deinem Herzen abschweift, führe ihn behutsam wieder zurück. Diese Übung soll einfach nur Freude machen; stelle sicher, daß Du sie jeden Tag in dieser Woche machst.

Genieße im Laufe des Tages jedesmal, wenn es Dir einfällt, den Gedanken: *GOTT ist Liebe, und auch ICH BIN Liebe.* Du kannst dann vielleicht das Pulsieren des Liebes-Gefühles in Deinem Herzen spüren, wenn Du diesen Gedanken denkst. Genieße dieses Gefühl der Liebe als Dein Erbe.

Du hast eine letzte Übung diese Woche. Wenn Du zu Bett gegangen bist und Deinen Lieben ein letztes Mal "Gute Nacht!" gesagt hast, dann liege still und lenke Deine Aufmerksamkeit noch einmal in Dein Herz. Dieses Mal denke an einige von GOTTES Eigenschaften. Erkenne für jede Eigenschaft, daß Du sie auch hast, selbst wenn es Dir im Moment unsinnig vorkommt. Dann schlafe ruhig ein, mit Gedanken an GOTTES Eigenschaften, die auch Deine sind.

ZWEITE WOCHE

Der Name Deines HÖHEREN SELBST

Du hast Liebe in Deinem Herzen erfahren - das sanfte Pulsieren der Schöpfung in Deinem Herzen. Es ist im Herzen, wo wir mit der gesamten Schöpfung verbunden sind. Und die Liebe, die Du fühlst, dient als Bindeglied.

Diese Liebe ist jedoch weit mehr als nur ein Bindeglied. Liebe ist nämlich der gemeinsame Nenner für alles und alle. Die Wissenschaft wird eines Tages diesen gemeinsamen Nenner finden, den Einstein das "einheitliche Feld" genannt hat. Es ist Liebe - GOTTES Liebe -, die dieses einheitliche Feld darstellt.

Als Du in der letzten Woche ruhig dagesessen hast und Deine Aufmerksamkeit auf Dein Herz gerichtet hieltest, hast Du Liebe erfahren - GOTTES Liebe, Deine Liebe, die Liebe jedes einzelnen. Du bist mit der Substanz in Berührung gekommen, aus der die gesamte Schöpfung gemacht ist. Du bist mit der gesamten Schöpfung in Berührung gekommen.

Es ist diese einfache Erfahrung, die Dich jetzt zum Geheimnisvollen und Tiefgründigen führt. Zumindest von Deinem *jetzigen* Standpunkt aus ist es tiefgründig und geheimnisvoll. Wenn sich jedoch Deine Erfahrung und das Wissen entfalten, wird es überhaupt nicht mehr tiefgründig erscheinen. Es wird dann einfach und natürlich, leicht und völlig normal sein. Wenn Du jedoch *jetzt* schon eine Ahnung davon hättest, was Du in diesem Kurs alles erfahren wirst, würde es Dir tiefgründig und geheimnisvoll erscheinen.

In der ersten Lektion hast Du gelernt, daß Dein wundervoller Körper nur ein kleiner Teil Deines SELBST ist. Der Rest Deines SELBST - wie die gesamte Schöpfung auch - besteht aus der Liebe, die Du erfahren hast. Da Du diese Liebe jetzt spüren kannst,

kannst Du sie als Verbindung zum Rest Deines SELBST benutzen. Das ist es, womit Du in dieser Woche beginnst.

Im Moment könnte es möglicherweise leichter sein, zwischen den Ausdrücken "niederes Selbst" und "HÖHERES SELBST" zu unterscheiden. Das ist natürlich unrichtig. Wir sind *ein* SELBST. Außerdem ist unser eines SELBST eins mit allem und allen anderen - wir sind alle dieselbe Liebe. Wir sind alle EINS. Wir sind alle verbunden.

Das ist jedoch als Konzept schwierig zu verstehen, solange Du nur Deinen physischen Körper wahrnimmst. Du scheinst in der Tat getrennt zu sein und Du machst die Erfahrung der Trennung. Solange Dir klar ist, daß "Dein HÖHERES SELBST und niederes Selbst" falsche Ausdrücke sind, wollen wir sie benutzen. Sie helfen Dir in diesem Stadium Deiner Entwicklung.

Dein HÖHERES SELBST hat im Gegensatz zu Deinem niederen Selbst nie die Verbindung zu seinen GÖTTLICHEN Eigenschaften verloren. Dein HÖHERES SELBST weiß alles, ist allgegenwärtig, ist die personifizierte Liebe, und es sehnt sich danach, Dein gesamtes Sein wiederzuvereinigen. Es gibt Dir ständig Gedanken über Dein wahres Wesen ein. Es geleitet Dich behutsam zu immer vollkommenerem, richtigen Handeln. Es steht immer als Dein Diener zur Verfügung, um Dich in ein Leben von Liebe, Fülle und Sicherheit zu führen.

Du kommst mit der Stimme Deines HÖHEREN SELBST ständig in Kontakt. Unglücklicherweise wird sie durch Deine eigenen falschen Befürchtungen und Einbildungen übertönt. Jetzt wirst Du anfangen, diese Stimme herauszuhören. Allmählich wird sie lauter werden. Allmählich wirst Du Dich auf ihre Weisheit verlassen, weil sie die Quelle vollkommenen Wissens für Dich ist. Sie weiß alles und hat nur ein Ziel: daß Du ein glückliches, erfülltes Leben in der Fülle lebst.

Dein HÖHERES SELBST hat einen Namen. In dieser Woche erfährst Du diesen Namen. Bleibe, wie letzte Woche auch, fünf oder zehn Minuten lang mit geschlossenen Augen ruhig sitzen und zentriere Deine Aufmerksamkeit in Deinem Herzen. Fühle die Liebe. Fühle das Pulsieren. Fühle insbesondere, wie diese Liebesenergie von Deinem Herzen ausstrahlt. Sie wird jede Zelle in Deinem Körper durchdringen. Sie wird alles um Dich herum erfüllen. Gib Dich diesem Gefühl hin. Wenn Gedanken kommen, laß sie wie Blasen an die Oberfläche steigen. Leiste ihnen keinen Widerstand. Fühle einfach nur die glückliche, wonnevolle, selige Liebe.

Während Du nun dieses Liebesgefühl genießt, sprich die folgenden Worte: *Mein wunderschönes HÖHERES SELBST, bitte gib mir jetzt meinen Namen.*

Der Name wird Dir offenbart werden. Es kann ein Name sein, der Dir bekannt ist, so wie Johannes, Maria oder Josua. Oder es kann eine Dir unbekannte Gruppe von Silben sein, wie Ami, Anasia, Konar oder Samatri. Und wehre Dich nicht gegen einen Namen, den Du mit einem MEISTER in Verbindung bringst, wie Jesus, Buddha, Babaji oder Konfuzius.

Der Name erscheint Dir als bleibender Gedanke. Du kannst ihn vielleicht hören. Du kannst vielleicht seine Buchstaben sehen. Er ist vielleicht einfach nur ein angenehmer Gedanke. Wenn er kommt, schreibe ihn nieder. Wenn Du dann das nächste Mal in die Stille gehst, achte darauf, ob Dir wieder der gleiche Name erscheint. Am Ende der Woche wird Dir der Name Deines HÖHEREN SELBST ziemlich vertraut sein.

Es ist nun vollkommen normal, daß Du in diesem Stadium Zweifel hast. Natürlich mußt Du nicht das Gefühl haben, als solltest Du unbedingt zweifeln, aber wenn Du unsicher bist, mache Dir keine Gedanken. Setze einfach diese Übungen fort. Bald werden die Zweifel dahinschwinden, und Du wirst Dich nicht einmal mehr an sie erinnern.

Die stille Versenkung kann in dieser Woche bis zu fünfzehn Minuten ausgedehnt werden, wenn Du das Gefühl der Liebe genießt. Wenn das Gefühl der Liebe dagegen verschwindet und Du Dich gereizt oder ängstlich fühlst, lege Dich für ein paar Minuten hin.

Zusätzlich zu Deiner regelmäßigen stillen Versenkung in Liebe, lies den Text für diese Woche an jedem Tag langsam durch und mache Dir jeden Satz klar.

Sage in dieser Woche tagsüber jedesmal, wenn es Dir einfällt: *Ich bin Liebe, und ich sende Liebe an* ___*(Name)*___ . Du kannst Liebe an eine andere Person, eine Pflanze, einen Hund, eine Situation oder irgend etwas anderes senden. Du kannst sie ein paar Meter weit oder über den ganzen Kontinent ausstrahlen. Spüre genau, wie die Liebe aus Deinem Herzen überall dahin ausstrahlt, wohin Du sie sendest. Mache Dir klar, daß dieses nicht einfach eine mentale Übung ist. Du strahlst wirklich Liebesenergie ab - Energie, die definitiv Probleme löst.

Richte in dieser Woche in den stillen Momenten, bevor Du schlafen gehst, ein paar Worte des Dankes an Dein HÖHERES SELBST für seine Führung und seine Liebe. Dann strahle Deine Liebesenergie aus, wohin Du möchtest. Schlafe als "Liebessender" ein.

DRITTE WOCHE

Kommunizieren mit Sicherheitsvorkehrungen

Jetzt hast Du Dein HÖHERES SELBST auf einer sehr persönlichen Ebene erfahren. Du hast bewußt kommuniziert.

Es kann passieren, daß wir uns jahrelang nicht darüber bewußt sind, wie in einem bestimmten Raum eine Uhr tickt. Doch plötzlich hören wir sie dann. Sie ist so laut, daß wir uns gar nicht mehr vorstellen können, wir hätten sie nie gehört. Genauso ist jetzt unsere Erfahrung mit unserem HÖHEREN SELBST. Es war schon immer ein Teil von Dir - helfend, leitend, führend, behutsam bewegend und anspornend. Doch Du hast es nicht gehört. Jetzt tust Du es. Du weißt, daß die Stimme da ist. Alles, was Du jetzt tun mußt, ist, Deine Aufmerksamkeit zu fokussieren.

Bald wirst Du damit beginnen, Deine Aufmerksamkeit auf seine Mitteilungen zu richten, aber zunächst mußt Du einige Sicherheitsvorkehrungen treffen.

Die erste Sicherheitsvorkehrung betrifft *UNWILLKOMMENE EINFLÜSSE*. Da wir alle miteinander verbunden sind, ist es für andere Wesen möglich, Deine Gedanken zu beeinflussen. Diese Wesen können in der physischen Welt, wie wir sie kennen, leben oder auch nicht. Sie können auch ein Teil der riesigen spirituellen Welt um uns herum sein, die wir im Moment noch nicht wahrnehmen. Nichtsdestoweniger sind sie da, und einige von ihnen dringen in unsere Aura, unser Energiefeld, ein und beeinflussen unsere Gedanken. Die Gedanken, die uns diese unwillkommenen Wesen schicken, können hilfreich oder schädlich, richtig oder falsch, negativ oder positiv, furchtsam oder fröhlich oder sogar genial sein. Du kannst aber niemals sicher sein, ob sie für Dich passend sind. Nur die Gedanken, die von Deinem HÖHEREN SELBST kommen, sind zuverlässig. Unglücklicherweise können die meisten von uns noch nicht den Unterschied zwischen den Gedanken der unwillkommenen Wesen und unserem HÖHEREN SELBST feststellen.

Da wir Meister unseres eigenen Selbst sind, ist das Gegenmittel ziemlich leicht. Du verschließt einfach nur Deine Aura gegen alles, ausgenommen Dein HÖHERES SELBST. Dies ist die erste wichtige Lektion in dieser Woche. Immer, wenn Du Dich in eine Menschenmenge begibst, sage: *Ich verschließe meine Aura gegen alles, ausgenommen mein HÖHERES SELBST.* Sage das auch, wenn Du das Gefühl hast, Du befindest Dich in einer negativen Atmosphäre, wie z.B. in Gegenwart von Krankheit, bei einem Unfall oder in der Nähe einer Person in Schwierigkeiten. In dieser Woche kannst Du die Worte zum Verschließen Deiner Aura gar nicht oft genug sagen. Nachdem Du diese Woche geübt hast, werden Dir die Situationen, in denen Du Deine Aura verschließen mußt, klar sein. Es wird Dir fast zur zweiten Natur.

Trotz all Deiner Vorsichtsmaßnahmen können einige unwillkommene Wesen in Deine Aura schlüpfen und sich dort ganz wie zu Hause fühlen. Das sind normalerweise Leute, die gestorben oder verwirrt sind, die sich in großen Schwierigkeiten oder in großem Schmerz befinden. Die Wahrnehmung ihrer wahren Natur ist so verzerrt, daß sie sich der Hilfe verweigert haben, die bereitwillig an ihrer Seite wartet. Wenn Du einen solchen unwillkommenen Einfluß in Deiner Aura hast, kannst Du Dich launisch, reizbar, erschöpft, gequält oder ärgerlich fühlen, oder Du hast irgendeine andere Emotion oder ein anderes Gefühl, das nicht passend ist.

Diese Einflüsse sind die meiste Zeit Deines Lebens gekommen und gegangen. Sie haben Dein Denken und Dein Handeln für sehr lange Zeit beeinflußt. Jedenfalls werden diese Beeinflussungen jetzt aufhören. Sie müssen aufhören, wenn Du Dein HÖHERES SELBST in aller Klarheit wahrnehmen möchtest. Sie müssen aufhören, wenn Dein neues Leben in Glück und Fülle leicht und mühelos fließen soll.

Um Deine Aura von allen unwillkommenen Einflüssen zu reinigen, beginnst Du von nun an jede der täglichen Versenkungen in die Stille mit einigen wenigen, einfachen Worten. Diese Worte sollten auswendig gelernt werden. Zunächst kannst Du die Worte vorlesen, aber Du solltest am Ende der Woche in der Lage sein, sie sinngemäß auswendig zu beherrschen. Diese Worte sind:

Allen unwillkommenen Wesen in meiner Aura sende ich Liebe und Licht.

Jeder von Euch ist ganz und geheilt.

Jeder von Euch ist aus Liebe und Licht geschaffen, und Ihr seid immer noch Liebe und Licht.

Jeder von Euch fühlt jetzt keinen Schmerz mehr, und Ihr habt keine Angst.

Jeder von Euch hat ein vollkommenes Zuhause, wohin er gehen kann, und ich bitte mein HÖHERES SELBST, __(Name)__ , Euch jetzt dorthin zu geleiten.

Jeder von Euch gehe in Frieden!

Es gibt noch eine Sicherheitsvorkehrung in dieser Woche zu lernen. Diese Sicherheitsvorkehrung wird Dir von Deinem HÖHEREN SELBST in Form eines Zeichens gegeben werden, das Du deutlich erkennen kannst. Dieses Zeichen muß Dich während Deiner stillen Versenkungen begleiten. Das Zeichen ist Deine Sicherheitsgarantie, daß Du tatsächlich mit Deinem HÖHEREN SELBST kommunizierst.

Nachdem Du Deine Aura von allen unwillkommenen Einflüssen gereinigt und Dich in Deinem Herzen in Liebe gesammelt hast, sage in Gedanken folgendes:

Mein liebes HÖHERES SELBST, __(Name)__ , bitte gib mir jetzt Dein Zeichen.

Warte auf irgendein physisches Zeichen, das offensichtlich ist. Es kann eine Bewegung des Kopfes oder des gesamten Oberkörpers, der Finger, eines Armes oder Beines sein. Deshalb ist es wichtig, so zu sitzen, daß sich der gesamte Körper frei bewegen kann. Es könnte sogar eine Bewegung sein, an die Du gewöhnt bist, so wie z.B. ein Zucken der Augenlider. Oder es könnte eine Empfindung an irgendeiner Stelle sein, so wie ein sanftes Streicheln oder Wärme oder Prickeln. Oder es könnte ein visueller Eindruck sein - entweder ein klares Bild oder einfach Licht. Oder es könnte etwas sein, was Du hörst. Es gibt nur zwei Dinge, die ganz sicher sind: das Zeichen wird angenehm sein, und das Zeichen muß Dir gegeben werden, wenn Du darum bittest.

Dieses Zeichen ist sehr wichtig. Es ist Dein Zeichen dafür, daß Du EINS geworden bist mit Deinem HÖHEREN SELBST und daß Du tatsächlich mit dem HÖHEREN SELBST und nicht mit einem unwillkommenem Wesen kommunizierst.

Widme in dieser Woche Deine stillen Momente der Entdeckung des Zeichens und genieße dann einfach die Erfahrung der Liebe zusammen mit diesem Zeichen. Fühle Dich wohl bei dem Signal und erkenne, wie es ziemlich mühelos kommt, sobald Du in die Stille gegangen bist.

Wenn Du diese Woche zu Bett gehst, übe die Worte zur Reinigung Deiner Aura von unwillkommenen Einflüssen. Werde danach an drei Abenden in dieser Woche eins mit GOTT. Das bedeutet: denke an irgendwelche Eigenschaften GOTTES, die Dir in den Sinn kommen, und gib Dir selbst in gleicher Weise diese Eigenschaften:

GOTT ist Liebe, und auch ICH BIN Liebe, denn ich bin als sein Ebenbild geschaffen, usw.

Während der restlichen vier Abende fahre mit der Übung der letzten Woche fort. Richte einige Worte des Dankes an Dein HÖHERES SELBST für seine Führung und Liebe. Dann versende Deine Liebesenergie an jeden, den Du Dir aussuchst.

In dieser Woche kannst Du tagsüber damit fortfahren, jedesmal Liebe an alle und alles zu senden, wenn Dir danach ist. Dieses ist eine Gewohnheit, die Du entwickeln solltest, denn in dem Maße, wie Du gibst, wirst Du auch empfangen. Vergib Liebe in Deinen Gedanken. Sei nicht überrascht, wenn sie zu Dir in einer Weise zurückkommt, die Du am wenigsten erwartest.

VIERTE WOCHE

Universelle WAHRHEIT Aussprechen

In dieser Woche fährst Du damit fort, die Verbindung mit Deinem HÖHEREN SELBST weiterzuentwickeln. Du wirst Dir sehr deutlich der Botschaften bewußt, die es für Dich hat.

Erinnere Dich in dieser Woche daran, daß Du vollkommen bist und als Ebenbild GOTTES geschaffen bist. Du hast dieses Konzept geübt und inzwischen fühlst Du Dich schon ziemlich vertraut damit. Du fühlst Dich nicht länger aufgeblasen oder eingebildet, wenn Du erkennst, daß Du vollkommen bist oder Liebe bist oder all-wissend bist.

All-wissend? Ja. Du bist all-wissende Intelligenz. Tief in Dir ist der Kern von allem, was es über jeden Aspekt in der Schöpfung zu wissen gibt: alle Künste, alle Wissenschaften, die gesamte Vergangenheit und die gesamte Zukunft. Du hast bereits alle Informationen, durch Deine Verbindung mit dem einen großen kosmischen Computer.

Natürlich, Dein eigenes kleines niederes Selbst weiß nicht alles. Es weiß kaum etwas und ist jahrelang offensichtlicher Beweis dafür gewesen, daß Irren menschlich ist. Nun gut, aber es ist nicht menschlich, zu irren. Alles zu wissen und auf der Basis von umfassendem Wissen zu handeln, das ist menschlich. Um jedoch die Früchte dieses All-wissens zu ernten, mußt Du als ganzer Mensch agieren, so wie GOTT Dich geschaffen hat, als sein Ebenbild.

Vorbei sind die Tage von Fehlern. Es gibt einfach keine Entschuldigung mehr für sie. Ab heute wirst Du langsam damit beginnen, das Wissen anzuzapfen, was mit dem anderem Teil von Dir verbunden ist - Deinem HÖHEREN SELBST.

Es ist wichtig, daß Du von jetzt an in Deinen täglichen stillen Versenkungen allein bist und daß Du nicht gestört wirst. Entferne die Tiere aus Deinem Zimmer. Hänge das Telephon aus. Vergewissere Dich, daß die Kinder versorgt sind. Dann setze Dich bequem hin, so daß Du ein klares Zeichen von Deinem HÖHEREN SELBST empfangen kannst. Schließe Deine Augen und zentriere Deine Aufmerksamkeit in Deinem Herzen. Fühle die Liebe und reinige Dich von allen unwillkommenen Einflüssen, indem Du ruhig die Worte laut wiederholst, die Du letzte Woche auswendig gelernt hast.

Werde dann - ebenfalls ruhig und laut - eins mit GOTT, so wie Du es in den letzten paar Wochen vor dem Zubettgehen getan hast. Denke an einige Eigenschaften GOTTES und nimm sie für Dich selbst in Anspruch: *GOTT ist all-wissende Intelligenz, und auch ICH BIN all-wissende Intelligenz, denn ICH BIN als Ebenbild GOTTES geschaffen,* usw. Erspüre jede Eigenschaft als Deine eigene. Erkenne, daß es wahr ist. Jetzt bist Du einsgeworden, und Du bist bereit dazu, die heutige Botschaft von Deinem HÖHEREN SELBST zu empfangen.

Nimm Dich aktiv zurück, d.h. sei wachsam und bewußt. Gehe nicht in Trance. Halte einfach nur Deine Aufmerksamkeit auf die Liebe in Deinem Herzen gerichtet, die Du inzwischen gut kennst. Lausche. Lausche auf Deine Gedanken und sei Dir des ständigen Signals von Deinem HÖHEREN SELBST bewußt.

Sprich diese Gedanken ruhig aus. Laut auszusprechen ist natürlich eigentlich unnötig, aber für den Moment ist es wichtig. Es hilft Dir, die Gedanken auszusprechen, die Dir von Deinem HÖHEREN SELBST gegeben werden, während im Hintergrund das ständige Gemurmel eines aktiven Verstandes ist, der nicht ausgelassen werden möchte. Du wirst den Unterschied kennenlernen. Du wirst wissen, was das Geschwätz im Hintergrund ist und was die WAHRHEIT ist, die Dir von Deinem HÖHEREN SELBST eingegeben wird. Also sprich diese Wahrheit aus. Du wirst sehen, es ist leicht.

Sei nicht schüchtern. Niemand sonst hört zu. Dies ist Dein Privatbesuch bei Deinem eigenen SELBST. Es ist Dein Wissen, was

Du aussprichst. Es ist WAHRHEIT, die Du jetzt als wichtig erkennen wirst.

Habe keine Zweifel. Es ist Dir nicht möglich, zu sagen: "Aber ich empfange doch nichts", denn: wenn Du es tust, kommt Dir der Gedanken: "O ja, ich empfange *doch* etwas!" Der ist von Deinem HÖHEREN SELBST. Nur eine unbewußte Person würde nicht in der Lage sein, dies zu tun, und Du bist nicht unbewußt.

In dieser Woche wirst Du nur Aussagen mit allgemeinem Wahrheitsgehalt von Deinem HÖHEREN SELBST bekommen. Das werden Aussagen universeller WAHRHEIT sein, für jeden zu jeder Zeit und an jedem Ort anwendbar. Es werden jedoch WAHRHEITEN sein, die Du jetzt kennen und nutzen solltest. Denn Dein HÖHERES SELBST lehrt Dich und führt Dich zu diesen universellen Gesetzen, damit Du sie für Dein Glück und für Deine Fülle anwenden kannst.

Das bedeutet, daß Du in dieser Woche keine Vorhersagen bekommst, keine Schreckensmeldungen, keine Börsentips, keine Anweisungen, Dich scheiden zu lassen, jemandem einen Heiratsantrag zu machen oder Deinen Beruf an den Nagel zu hängen. Wenn Du solche Art von Gedanken erhältst, stammen sie nicht von Deinem HÖHEREN SELBST. Sie sind einfach nur Hintergrundgeschwätz.

Der wichtige Teil der Übung dieser Woche ist, den "Gedankenkanal" Deines HÖHEREN SELBST genau einzustellen. Darum bringt der Kanal nur die allgemeinen Aussagen von WAHRHEIT. Auf diese Weise wirst Du den "Sender" erkennen. Du hast noch ein ganzes Leben für spezifischere Weisungen vor Dir, aber sie kommen nicht in dieser Woche.

Fahre fort in der Kommunikation mit Deinem HÖHEREN SELBST, bis es angenehm ist aufzuhören. Fünfzehn Minuten für die tägliche stille Versenkung sollten genug sein. Wenn Du fertig bist, danke Deinem HÖHEREN SELBST. Dann verschließe Deine Aura gegen alles, ausgenommen Dein HÖHERES SELBST. Es ist wichtig, nach jeder stillen Versenkung Deine Aura gegen alle unwillkommenen Einflüsse zu verschließen.

Denke während des Tages über die Aussagen der WAHRHEIT von Deinem HÖHEREN SELBST nach. Denke darüber nach, inwiefern diese Aussagen wichtig sind für das, was Du gerade tust, was immer es sein mag. Denke darüber nach, welche Änderungen in Deinem Verhalten sie nahelegen. Denke darüber nach, welche Änderungen in Deinen Handlungen nötig wären. Es gibt einen Grund, warum an Dich diese Mitteilung kam. Denke darüber nach, was dieser Grund ist.

Fahre in dieser Woche damit fort, Deine Aura jedesmal zu schließen, wenn Du in einer Menschenmenge bist oder irgendwelcher Negativität ausgesetzt bist. Reinige sie zusätzlich mit den Worten, die Du letzte Woche auswendig gelernt hast, wenn Du aufgrund Deiner schlechten Stimmung, Deinem Ärger, Deiner Furcht oder Negativität glaubst, daß es in Deiner Aura einen unwillkommenen Einfluß gibt. Du wirst jetzt vielleicht herausfinden, daß das nötiger ist, als Du denkst. Dein HÖHERES SELBST wird Dir den starken Gedanken geben, daß es nötig ist, selbst wenn Du andere Gedanken hast, die widerstreben.

Du wirst ebenfalls damit fortfahren, Liebe aus Deinem Herzen an jeden und alles zu senden, wie es Dir dann in den Sinn kommt. Fühle, wie die Liebe von Dir zu Deinem Empfänger pulsierend strömt.

Fahre in dieser Woche auch damit fort, zwischen denselben zwei Übungen direkt vorm Zubettgehen abzuwechseln, die Du letzte Woche gemacht hast: (1) werde eins mit GOTT und (2) strahle Liebesenergie aus.

Fünfte Woche

Mit unwillkommenen Einflüssen Umgehen

Man kann die Wichtigkeit gar nicht überbetonen, Dich jetzt von unwillkommenen Einflüssen freizuhalten. In dieser Woche untersuchst Du diese Einflüsse etwas ausführlicher und entwickelst ein weiteres Mittel, um damit umzugehen.

Während Deines ganzen Lebens hast Du diese Einflüsse erlebt. In Deinem eigenen Leben sind sie die Erklärung für diese zahlreichen Momente, in denen Du "nicht Du selbst" warst. Tatsächlich *warst* Du wirklich *nicht* ganz Du selbst. Sie erklären außerdem einige der periodischen irrationalen Verhaltensweisen Deiner Freunde und Deiner Familie. Später in diesem Kurs wirst Du lernen, wie man anderen, die unter unwillkommenen Einflüssen stehen, helfen kann. In dieser Woche jedoch wirst Du Dich weiter auf Dich konzentrieren.

Bist Du jemals erschöpft aufgewacht, nachdem Du die ganze Nacht geschlafen hast? War es eine Anstrengung, zu lächeln? Hat Dich die geringfügigste kleine Provokation aus dem Gleichgewicht gebracht? Möglicherweise war dies ein unwillkommener Einfluß.

Hast Du jemals einen plötzlichen Stimmungsumschwung von Entspanntheit und Zufriedenheit nach Reizbarkeit und Ungeduld erlebt? Damals fühltest Du Dich im Recht mit Deiner Garstigkeit und Negativität, doch im nachhinein erschien es unangebracht. Möglicherweise war dies ein unwillkommener Einfluß.

Bist Du jemals einem lieben Menschen gegenüber explodiert, nur um es später schrecklich zu bedauern? Möglicherweise war dies ein unwillkommener Einfluß.

Hast Du jemals schlechte Laune oder Angst gehabt, ohne genau ausmachen zu können, wo sie herkam? Oder vielleicht war die Angst konkret, aber vor einer Sache, die Dir normalerweise keine Angst macht? Möglicherweise war dies ein unwillkommener Einfluß.

Hast Du jemals gefährliche oder verrückte Handlungen phantasiert, die Du bei klarem Verstand niemals tun würdest? Möglicherweise war dies ein unwillkommener Einfluß.

Nicht alle Deine Ängste, unvernünftigen Verhaltensweisen, verschrobenen Gedanken, Zornesausbrüche und Phasen der Erschöpfung sind durch unwillkommene Einflüsse ausgelöst. Sie können auch Folge von Deinem eigenen Streß, Deinen eigenen Illusions-Vorstellungen sein. Es kann Dein eigenes unvollkommenes Denken sein, das geheilt werden muß. Allzu oft jedoch sind es der Streß und die ängstlichen Gedanken von anderen, denen Du *erlaubst*, Dich zu beeinflussen.

Beachte das Wort "erlaubst". Nichts kann Dich beeinflussen ohne Deine ausgesprochene oder stille Zustimmung. Nichts. Aus Unkenntnis hast Du Einflüsse in Deinem Leben zugelassen - Einflüsse, die Dich unglücklich gemacht haben. Was noch wichtiger ist, sie haben die Barriere zwischen Dir und Deinem HÖHEREN SELBST höher und massiver gemacht.

Wir dürfen auf diese unwillkommenen Wesen nicht mit Verachtung herabsehen. Nein. Sie sind liebevoll Schöpfungen GOTTES, genau wie Du es bist. Sie sind nur verschreckt und verwirrt durch eine Illusion, die sie für sich selbst geschaffen haben. Das ist nicht verschieden (außer im Ausmaß) von der Illusion, die Du aufgebaut hast und die Dich jetzt von Deinem Selbst trennt. Es ist vollkommen möglich, daß auch Du ein unwillkommener Einfluß für jemand anderen gewesen bist.

Wenn Du in einem anderen Leben in Verwirrung und Furcht gestorben bist und alle Hilfe verweigert hast, Dich zu Deinem nächsten vollkommenen Zuhause zu geleiten, dann könntest Du vielleicht umhergeirrt sein und andere mit Deiner Angst und Negativität beeinflußt haben. Denke an jeden unwillkommenen Einfluß mit Liebe, so wie Du andererseits liebevolle Gedanken empfangen wolltest, wärest Du in der gleichen Situation gefangen. Sende Liebe, während Du die heilenden Worte sprichst.

In dieser Woche wirst Du weiterhin Deine stillen Versenkungen damit beginnen, daß Du - wie in der letzten Woche - alle unwillkommenen Einflüsse heilst. Dann verschließe Deine Aura gegen alles, ausgenommen Dein HÖHERES SELBST. Werde eins mit GOTT, indem Du an einige Eigenschaften von GOTT denkst und sie für Dich in Anspruch nimmst. Beginne Deine Kommunikation mit Deinem HÖHEREN SELBST, wenn Du das Zeichen empfangen hast. Wenn diese Kommunikation vorüber ist, sagst Du diese Worte: *Gib mir bitte jetzt das Zeichen für unwillkommene Einflüsse.* Sitze bequem, entspannt, offen und empfangsbereit. Warte auf irgendein physisches Zeichen, das Du in Deinem Körper fühlen oder wahrnehmen wirst.

Dies ist ein Zeichen, das Dein HÖHERES SELBST Dir geben wird, wenn Du unter einem unwillkommenen Einfluß stehst. Es ist normalerweise unangenehm, wie z.B. ein leichter Schmerz irgendwo oder leichtes Unwohlsein oder leichte Benommenheit oder ein unangenehmer Ton bzw. eine unangenehme Vision. Es muß jedoch nicht notwendigerweise unangenehm sein. Es kann auch ein Zucken irgendwo im Körper, eine bestimmte Bewegung, eine Wärme- oder Kälteempfindung irgendwo oder ein taubes Gefühl sein. Wie bei dem Zeichen von dem HÖHEREN SELBST kann dieses Zeichen irgend etwas sein, was Deine Aufmerksamkeit erregt. Lehne Dich also zurück und warte darauf.

Wenn das Zeichen kommt, wiederhole mit Liebe die Worte, die Du vor zwei Wochen zur Reinigung Deiner Aura auswendig gelernt hast. Das Zeichen wird verschwinden. Wenn es nicht verschwindet, bedeutet das, daß noch ein anderer unwillkommener Einfluß da ist; wiederhole also noch einmal die Worte mit Liebe.

Die Gedanken von unwillkommenen Wesen sind Energieformen - Blasen von Negativität, Angst, Sorge, Unruhe oder Ärger. Diese Blasen können möglicherweise weiterbestehen, selbst wenn der unwillkommene Einfluß geheilt ist. Darum sage von nun an immer, wenn Du Deine Aura von unwillkommenen Einflüssen gereinigt hast: *Ich sende Liebe und Licht an alle Gedankenformen in meiner Umgebung*. Schließlich verursachen uns diese negativen Gedankenformen wirklich Probleme. Die Heilungsworte sollten auch wiederholt werden, wenn Du in einer Menschenmenge Deine Aura schließt.

Dies ist Deine Übung für jede stille Versenkung in dieser Woche. Bitte um Dein Zeichen für unwillkommene Einflüsse. Dann befreie Dich von dem Zeichen durch lautes Rezitieren der auswendig gelernten Worte zur Heilung von unwillkommenen Einflüssen.

Daß Du nun ein Zeichen für unwillkommene Einflüsse hast, bedeutet noch lange nicht, daß Du Deine Sicherheitsvorkehrungen aufgeben kannst. Das Zeichen wird Dir nur dann gewahr, wenn Du normalerweise nicht um die unwillkommenen Einflüsse wüßtest. Fahre deshalb fort mit der Übung, die Formel zu wiederholen, wenn Du das Gefühl hast, Du solltest es tun. Gewöhnlich macht sich das Bedürfnis mit dem starken Gedanken "Ich habe einen unwillkommenen Einfluß" bemerkbar. Aber es können auch einfach nur die Symptome sein - Erschöpfung, Furcht, Ärger, Reizbarkeit, etc.

Für die meisten Leute ist das Konzept dieser unwillkommenen Einflüsse eine sehr fremdartige Vorstellung. Es hat einen Beigeschmack von Gespenstergeschichten, übernatürlichen Dingen, Hexen, Kobolden und Zauberei. Wenn dieses Konzept Dich beunruhigt, bleibe aufgeschlossen und absolviere diesen Teil dieser Lektionen rein mechanisch. Wenn Dein Leben sich ändert, wenn Dein Herz sich wieder mit Liebe füllt und wenn mit jeder Heilung eines unwillkommenen Einflusses eine Last von Dir abfällt, dann werden diese vorgefaßten Meinungen verschwinden. Dich von diesen Einflüssen freizumachen, ist ein Riesenschritt auf dem Weg, EINSzuwerden und EINSzusein.

Bei Deinen Aktivitäten in dieser Woche entwickle die Gewohnheit weiter, Deine Aura gegen alles außer Deinem HÖHEREN SELBST zu verschließen. Fahre fort, Liebe aus Deinem Herzen an alle und alles zu senden, wo immer Du auch gehst und wann immer Du daran denkst.

Wenn Du zu Bett gehst, mache weiter mit der Übung, abwechselnd Liebe auszustrahlen oder mit GOTTES Eigenschaften eins zu werden. Fahre fort, Deinem HÖHEREN SELBST dafür zu danken, daß es Dir WAHRHEIT mitteilt. Danke Deinem HÖHEREN SELBST dafür, daß es Dir das Zeichen für unwillkommene Einflüsse gibt und Dir hilft, Deine Aura rein zu halten.

Es scheint so zu sein, daß Du mehr und mehr und mehr davon annimmst. Sehr bald werden diese Übungen so sehr ein Teil Deines Lebens geworden sein, daß überhaupt nichts mehr bewußt getan werden muß. Sie werden so selbstverständlich sein wie Trinken, Essen oder Schlafen.

Sechste Woche

In Wahrheit Vergeben

Das Leben ist dazu da, Liebe zu empfangen. Alles in der Schöpfung ist aus Liebe geschaffen. Sie ist das *einheitliche Feld* von Einstein. Sie ist der süße Nektar, den GOTT genommen hat, um daraus alles, was wir jemals haben oder jemals wahrnehmen werden, zu brauen. Liebe ist alles. Und wir wurden geschaffen, um von diesem süßen Nektar zu kosten. Infolgedessen kann alles und jeder in der Schöpfung uns jenen süßen Geschmack der Liebe geben. Das ist es, wozu unser Leben da ist - die Liebe der Schöpfung zu empfangen.

Das bedeutet: Du bist Liebe. Du empfängst nicht nur Liebe von allen und allem, sondern Du gibst auch dieselbe Liebe weiter. Denn allen, denen Du begegnest, gibst Du den süßen Geschmack der Liebe. Und allem, dem Du begegnest, gibst Du ebenfalls diese Liebe. Also ist das Leben nicht nur dazu da, Liebe zu empfangen, sondern auch dazu da, Liebe zu geben - an alle und alles.

Dieses kleine Konzept entschlüsselt das mißverstandene Konzept der Vergebung: Leben heißt, Liebe zu geben - *zu **ver**geben*. Liebe zu vergeben. Das ist *Vergebung*. Sonst nichts.

Wenn Du Groll in Dir trägst, dann triffst Du die Entscheidung, jenen süßen Geschmack der Liebe, den Du weitergeben kannst, zu verweigern. Befreie Dich von dem Groll und Dein Leben ist wieder dazu da, Liebe zu geben.

Groll ist wirklich leicht loszulassen, wenn Dir einmal klargeworden ist, was für eine törichte Illusion er ist. Du hast Groll in Dir, weil Du glaubst, daß Dich jemand verletzt hat. Du denkst, daß Du angegriffen, bloßgestellt, ungerecht behandelt und irgendwie schlecht gemacht worden bist. Oder Du hast die Vorstellung, daß irgend jemand Dir etwas weggenommen hat. So ein

Unsinn! Du bist als Ebenbild GOTTES geschaffen. Du bist Vollkommenheit, und nichts, niemand kann das ändern. Du bist Fülle; alles ist Dein, und alles, was Du brauchst, kommt zu Dir, wenn Du Dich dafür öffnest. Du bist wirklich ein Schöpfer. Du erschaffst Dir Deine Erfahrungen. Wenn Du die Vorstellung hast, daß Du von irgend jemand verletzt worden bist, dann ist es nur das, wozu Du, als Schöpfer, eingeladen hast.

Das ist ein sehr schwierig zu verstehendes Konzept. Die gesamte sogenannte Wirklichkeit scheint diese WAHRHEIT zu widerlegen. Deine eigenen Erfahrungen scheinen zu beweisen, daß die Welt voll von bösartigen Menschen ist, die Unschuldige verletzen. In Wirklichkeit ist das unmöglich. Du bist allein verantwortlich für Deine eigenen Erfahrungen. Du entscheidest, wie Deine Erfahrungen sein sollen, und die machst Du dann auch. Niemand kann Dich daran hindern. Und niemand hat Dich jemals daran gehindert.

Du hast einen freien Willen. Niemand, nicht einmal GOTT, wird Dich in Deinem freien Willen einschränken. Das ist verbrieft als Dein heiliges Recht. Du bist in der Lage, alles zu erschaffen, was Du möchtest, denn Du erschaffst alles, was Du denkst. Dieses wunderbare Universum begann mit GOTTES Gedanken. Genauso beginnt unsere Schöpfung mit unseren Gedanken.

In unserer Welt vieler individueller Schöpfungen - viele für jeden einzelnen - sind wir alle Schauspieler in dem Drehbuch eines jeden anderen. Du bist der Autor, Regisseur, Produzent und Hauptdarsteller für Dein Drehbuch. Jeder andere spielt seine Rolle in Deiner Schöpfung exakt nach Deiner Regieanweisung.

Denke, daß Du arm bist und beraubt und betrogen wirst, und ein Schauspieler wird Dir sicherlich den Gefallen tun. Denke, daß Du krank bist, und ein Schauspieler wird Dich mit einer schrecklichen Krankheit infizieren. Denke, daß Du unterdrückt, zusammengeschlagen und mißbraucht wirst, und ein Schauspieler wird Dir zu Diensten stehen.

Wenn Du erkennst, daß diese Leute, gegen die Du einen Groll hegst, Schauspieler in Deiner eigenen Schöpfung sind, dann kannst Du ihnen leicht vergeben. Dann ist das Leben wieder dazu da, um Liebe zu geben.

Wenn Du in der Vergangenheit vergeben hast, dann hast Du gesagt: "Du hast mir Unrecht getan. Aber Du sollst wissen, daß ich Dir nicht mehr böse sein will, darum werde ich versuchen, diese schreckliche Sache, die Du mir angetan hast, zu vergessen." Ein solcher Gedanke erkennt eine Illusion an. Er gibt seine Kraft einem Denkfehler: daß irgend jemand Dir ohne Deine Zustimmung Schaden zufügen könnte. Das ist unmöglich. So eine Art von Vergebung ist überhaupt keine Vergebung.

Statt dessen solltest Du denken: *Ich habe einen Fehler in meinem Denken gemacht, indem ich Dir erlaubt habe, mich scheinbar zu verletzen. Ich erkenne, daß Du bloß tust, wozu ich eingeladen habe, und daß in Wirklichkeit weder Du noch irgend jemand anderes mich verletzen kann. Ich bin jetzt vollkommen, war immer vollkommen und werde immer vollkommen sein. Du kannst das nicht ändern. Ich erkenne jetzt, daß das Leben dazu da ist, um Dir Liebe zu geben.*

Nimm Dir heute einige Zeit, um Dir im Geiste all die wundervollen Menschen zu vergegenwärtigen, gegen die Du Groll hegst. Es könnten Eltern sein, Schwestern, Brüder, Freunde oder Fremde, von denen Du noch nicht einmal die Namen kennst. Sprich für jede Person diese Worte der Vergebung. Lese sie, wenn Du möchtest, aber noch wichtiger, fühle die Bedeutung Deiner Worte.

Wenn Du heute nacht zu Bett gehst, denke an alle diese Leute, und sogar an andere, von denen Du glaubst, Du hättest keinen Groll gegen sie. Stelle Dir jeden einzelnen bildlich vor und sende ihr/ihm Liebe aus Deinem Herzen. Sage im Stillen: *Ich sende Dir Liebe aus meinem Herzen, (Name), und ich vergebe Dir, weil ich weiß, daß es Dir unmöglich ist, meine Vollkommenheit zu verletzen.* Du wirst diese Übung als überaus reinigend empfinden.

Wenn Du Liebe auf diese Weise gibst, dann öffnet sich Dein ganzes Sein dafür, Liebe von allem und von allen in Deiner Umgebung zu empfangen. Genieße das Gefühl, das kommt - ein friedliches, freudiges, stilles und doch energie-geladenes Pulsieren von 'süßem Nektar'.

Vergeben und das Verständnis der wahren Natur von Vergebung sind ein sehr wichtiger Eckpfeiler dieses Kurses. Groll ist bisher Dein Meister und Du sein Sklave gewesen. Er hat Dein Wahrnehmungsvermögen verzerrt. Er hat Dich in der Hölle festgehalten, wobei Du doch geschaffen bist, um im Himmel zu leben. Damit Du diese WAHRHEIT sicher verstehst, lese diese Lektion jeden Tag. Lese jeden Satz langsam, denke darüber nach und nimm ihn in Dir auf.

In dieser Woche beginnst Du eine speziellere Kommunikation mit Deinem HÖHEREN SELBST. Bis jetzt hat sich Deine Kommunikation mit WAHRHEIT befaßt - die Natur der Schöpfung und wie Du selbst da hineinpaßt. Sage in dieser Woche, wenn Du zur Ruhe gekommen bist und Dein Bewußtsein im Herzen zentriert ist: *Heute, __(Name)__, Du mein HÖHERES SELBST, gib mir die Namen der Leute, denen ich vergeben möchte.* Dann sitze in aller Ruhe da und laß die Namen in Dein Bewußtsein kommen. Wenn Du jemandem vergeben möchtest, dessen Namen Du nicht weißt oder an dessen Namen Du Dich nicht mehr erinnerst, so wirst Du nur eine Beschreibung des Ereignisses bekommen. Halte Bleistift und Papier bereit. Schreibe jeden Namen auf, so daß Du jedem einzelnen nach Deiner Versenkung in die Stille vergeben kannst.

Tue das in dieser Woche an jedem Tag. Du hast vielleicht das Gefühl, daß Du einer bestimmten Person jeden Tag vergeben mußt, oder Du empfindest eine einzige Vergebung als ausreichend für diese Person. Dein HÖHERES SELBST wird es Dir sagen. Folge seiner Führung.

Reinige, wenn nötig, Deine Aura in dieser Woche weiter von unwillkommenen Einflüssen und schließe Deine Aura jedesmal, wenn Du in eine Menschenmenge gehst oder in die Nähe von

Krankheit oder Negativität. Immer, wenn es Dir in den Sinn kommt, sende Liebe von Deinem Herzen aus an alle und an alles. Diese Übungen sind jetzt ein Teil Deines täglichen Lebens. Von nun an sollten sie immer gemacht werden, ungeachtet dessen, ob sie in den wöchentlichen Übungen erwähnt sind oder nicht.

Siebente Woche

Gedanken Korrigieren

Jede Schöpfung beginnt mit einem Gedanken. Der Gedanke von etwas ist wirklich dieses etwas, nur auf der Ebene der höchsten Schwingung. Alles im Universum begann mit GOTTES Gedanken über die Schöpfung.

Du bist, in des Wortes elementarster Bedeutung, ein Gedanke GOTTES. Oder vielmehr, Du bist ein *Teil* jenes wunderbaren, vollkommenen Gedankens, der ALLES geschaffen hat. Da Du ein Teil dieses Gedankens bist, bist Du gleichzeitig auch das Ganze. GOTTES Gedanke, der die Schöpfung entstehen ließ, ist unteilbar. SEIN einer Gedanke enthält den gesamten Bauplan für den Kosmos und jedes einzelne Atom und jede einzelne Seele.

Darüber hinaus ist GOTT nicht getrennt von SEINEM Gedanken, genauso wenig wie Du von Deinen Gedanken getrennt bist. Das ist der Grund, warum Du EINS mit GOTT bist. Es gibt keinen anderen logischen Weg, dies zu verstehen. GOTT ist in höchstem Maße in Einklang und EINS mit dem Gedanken, der uns geschaffen hat. Du bist tatsächlich dieser Gedanke, auf Deiner allerhöchsten Ebene. Also bist Du EINS mit GOTT.

Weil wir der eine Gedanke sind, der alles geschaffen hat, können wir auch alles über diesen Gedanken wissen. Wir sind nicht einfach nur ein separater Aspekt dieses Gedankens. Nein. Wir wurden geschaffen, um alles zu wissen, was in GOTTES Gedanken, dem Ursprung aller Schöpfung, enthalten ist.

Das bedeutet, daß Du die Wahl hast, jeden Aspekt von GOTTES Gedanken zu denken, den du möchtest. Es ist fast wie das Einstellen eines Radiosenders. Du stellst Dir jedes beliebige Wissen über die Schöpfung ein.

Eine Sache über GOTTES Gedanken ist absolut sicher: daß er alle GÖTTLICHEN Eigenschaften einschließt. Du gehörst zu GOTTES Gedanken und verkörperst alle Eigenschaften GOTTES, und dies gilt auch für jeden anderen Aspekt von GOTTES Gedanken. Wenn Du Dich auf irgendeinen Aspekt von GOTTES Gedanken einstimmst, dann kannst Du hundertprozentig sicher sein, daß Du folgendes erfahren wirst: Liebe, Glücklichsein, Freude, Glückseligkeit, WAHRHEIT, reine Intelligenz, Frieden, Güte, Fülle und Urteilsfreiheit, um nur einiges zu nennen. Dies ist Deine Erfahrung, die GOTT in SEINEM Gedanken plante, als er Dich schuf.

Halte Dir noch einmal vor Augen, daß die gesamte Schöpfung mit einem Gedanken beginnt. Du bist Schöpfer, weil Du als Ebenbild GOTTES geschaffen bist, und ER ist unbestreitbar Schöpfer. Du schöpfst. Deine Schöpfung beginnt mit einem Gedanken. Und dann machst Du die Erfahrung, die Du verursacht hast.

Wenn Du mit irgendeinem Aspekt von GOTTES Gedanken, der den Kosmos erschaffen hat, beginnst, so wirst Du eine Schöpfung genau wie GOTTES Schöpfung haben. Dann kann Dir Deine Schöpfung nur die Erfahrung von GOTTES Eigenschaften geben. Nur diese Eigenschaften sind SEINEM Gedanken inhärent. Andere Qualitäten gibt es nicht. SEIN Gedanke kann nicht manifestieren, was er nicht in sich birgt.

Dies ist eine narrensichere Methode, um ein Leben im Himmel zu leben. Dann ist Irren nicht menschlich. Dann ist das Leben kein Kampf. Dann kommen alle Kräfte der Natur Dir zu Hilfe, und Du erfährst nur die Eigenschaften GOTTES.

Ein flüchtiger Blick auf unsere Welt zeigt, daß dies nicht der Fall ist. Was ging schief? Selbst Dein eigenes Leben beinhaltet offenbar einigen Kampf, einige Fehler, einige Schmerzen. Was ging schief?

Nichts ging schief. Selbst Deine scheinbaren Fehler, Kämpfe und Schmerzen deuten auf Deine Göttlichkeit und Vollkommenheit. Erinnere Dich noch einmal, daß Du als Ebenbild GOTTES geschaffen bist. GOTT ist Souverän. Er schuf Dich mit SEINEM Gedanken. Und so bist auch Du Souverän - eine andere Art zu sagen, daß Du einen freien Willen hast. Du bist auch Schöpfer, als GOTTES Ebenbild, und du erschaffst mit *Deinen* Gedanken.

GOTTES Gedanke, mit dem du eins bist, steht Dir zur Verfügung. Du hast die Wahl, Dich auf diesen Gedanken einzustimmen. Das ist Deine Entscheidung. Es ist Dein freier Wille, SEINEN Gedanken für Deine Schöpfungen zu verwenden; oder aber Du kannst Dich dafür entscheiden, einen von Deinen höchsteigenen Gedanken zu denken. Dann hat Deine Schöpfung die Qualitäten, die Du festlegst.

Viele, viele Male hast Du Dich für Deinen Gedanken entschieden und dadurch eine unglückliche, armselige Erfahrung verursacht. Das bedeutet aber nicht, daß Du armselig bist. Das ist unmöglich. Du kannst die Vollkommenheit, die Du bist, nicht ändern. Als Schöpfer kannst Du jedoch etwas verursachen und erleben, was als nicht ganz vollkommen erscheinen mag. Nur wenn Du GOTTES Gedanken an den Anfang stellst, kannst Du Dir der Vollkommenheit und all der anderen wundervollen Qualitäten sicher sein.

In einem sehr realen Sinn ist die Welt, die Du Dir durch Deine eigenen Gedanken erschaffst, eine Illusion. Sie ist nicht die WAHRHEIT. WAHRHEIT hat Dauerhaftigkeit. WAHRHEIT ändert sich niemals. WAHRHEIT beschreibt den Gedanken GOTTES, der uns und den Kosmos geschaffen hat. Dieser Gedanke ist WAHRHEIT. Dieser Gedanke erzählt uns vom Glücklichsein, niemals von Traurigkeit. Er erzählt uns von Freude und Glückseligkeit, niemals von Verzweiflung. Er erzählt uns von Intelligenz, niemals von Fehlern. Er enthüllt die Fülle, niemals die Armut. Er bringt unbegrenzte Energie, niemals Schwachheit. Er ist das untrügliche Siegel des Friedens, niemals der Unruhe. Diese WAHRHEIT ist ganz einfach GOTTES Gedanke, der das Universum erschaffen hat.

Die Wahl liegt bei Dir. Du kannst Dich entscheiden, mit dem Gedanken GOTTES Ursachen zu setzen, oder einen eigenen Gedanken umzusetzen. GOTT würde nicht eingreifen. Du bist als Souverän geschaffen. Du bist mit einem freien Willen geschaffen. Du bist als Schöpfer geschaffen. Die Tatsache, daß Du Schöpfer bist, beweist Deine Göttlichkeit, selbst wenn Du Dich dafür entscheidest, eine Hölle zu erschaffen.

Heute fängst Du damit an, das Wesen Deiner Schöpfungen zu ändern. Du änderst Deine Schöpfungen so, daß sie genauso wie GOTTES Gedanken sind. Deine Schöpfung, Dein Leben und Deine Erfahrungen werden nur noch GOTTES Eigenschaften haben.

Du kannst ziemlich genau sagen, was Deine Gedanken sind, indem Du Dir nämlich Deine Schöpfungen anschaust. Wenn Du verschuldet bist und Angst hast vor dem Armenhaus, dann hast Du Gedanken des Mangels und versäumst es, die Fülle in GOTTES Gedanken wahrzunehmen. Wenn Du einsam bist und ohne jemanden, mit dem Du Deine Liebe teilen kannst, dann hast Du Gedanken, daß Du keine Liebe verdienst oder daß sie nicht existiert. "Das ist nicht wahr", sagst Du, denn Du bestehst darauf, daß Du Liebe möchtest und daß Du Wohlstand möchtest.

Natürlich möchtest Du das. Du wünschst Dir, alle Eigenschaften GOTTES zu erfahren. Du möchtest das leidenschaftlich gern. Das Verlangen ist tief verwurzelt als ein Teil Deiner wahren Natur. Du kannst Dich nicht trennen von dem Verlangen nach Liebe, nach Fülle, nach Wissen, nach Freude, nach Frieden etc.. Es ist ein Teil von Dir.

Trotzdem gibt es da irgendeinen Gedanken - wahrscheinlich sogar unbewußt -, der Deiner Schöpfung die Eigenschaften verweigert, die Du Dir wünschst. "Wie kann ich denn meine Gedanken ändern, wenn sie unbewußt sind?", fragst Du. Bis jetzt ist das sehr schwierig gewesen. Aber heute beginnst Du mit diesem Prozeß. Allmählich, methodisch, aber zuverlässig wirst Du Dein Denken so ändern, daß es Schöpfungen mit GOTTES Eigenschaften erschaffen wird. Du stimmst Dich auf GOTTES Gedanken ein und beanspruchst ihn als Deinen eigenen.

Lese diese Lektion an jedem Tag in dieser Woche. Lese jeden Satz langsam und verinnerliche seine Bedeutung.

Während Deiner stillen Versenkungen, wenn Du Dich im Herzen gesammelt und das Zeichen von Deinem HÖHEREN SELBST empfangen hast, sage: *Liebe(r) _(Name)_ , Du mein HÖHERES SELBST, offenbare mir jetzt einige von den Fehlern in meinem Denken.* Dann bleibe ruhig sitzen und laß Dein HÖHERES SELBST kommunizieren. Du wirst einige Gedanken wahrnehmen, die sich verheerend in Deinem Leben auswirken. Schreibe diese Gedanken nieder, wie sie kommen. Die Lektion für diese Woche ist es, lediglich die Gedanken zu identifizieren, die Du korrigieren solltest. Nimm während Deiner Tagesaktivitäten Deine Erfahrungen wahr. Dann sage in Deiner nächsten stillen Minute: *Offenbare mir, _(Name)_ , Du mein HÖHERES SELBST, die Gedanken, die mich die Erfahrung von ______ machen ließen.*

Diese Bestandsaufnahme ist sehr wichtig. Du mußt das Wesen Deiner eigenen Gedanken kennen, bevor Du sie korrigieren kannst. Dein HÖHERES SELBST gibst es Dir.

Wenn Du in dieser Woche vor dem Einschlafen still im Bett liegst, denke an die Menschen, die in Deinem Leben eine Rolle gespielt haben. Mache Dir für jeden einzelnen klar, daß er oder sie auf Dich so reagiert hat, wie Du es durch Deine Gedanken bestimmt hast. Nimm die Anerkennung oder die Schuld für Deine Erfahrungen mit ihnen bedingungslos an. Sende jedem einzelnen Liebe aus Deinem Herzen und fühle dabei, wie sie zu ihnen ausstrahlt. Dann vergib ihnen, in dem Wissen, was Vergebung wirklich bedeutet.

ACHTE WOCHE

Wiederholen

Dieses ist eine Woche zum Wiederholen. In dieser Woche wirst Du Dich an jedem Tag noch einmal mit dem Wesentlichen von jeweils einer der sieben vorangegangen Wochen befassen. Das gibt Dir ein klares Bild von dem Fortschritt, den Du bereits gemacht hast, und bietet die Möglichkeit, Dir die Erfahrungen ganz zu eigen zu machen, bevor wir weitergehen.

Erster Tag

So bald wie möglich nach dem Aufwachen und dann wieder kurz vor dem Schlafengehen lese dieses Gebet langsam und verstehe es:

Lieber GOTT, Du mein Schöpfer, ich danke Dir dafür, daß Du mich als Dein Ebenbild geschaffen hast. Ich danke Dir dafür, daß Du mir die gleichen Eigenschaften gegeben hast, die auch Du hast. Ich danke Dir für Liebe. Ich danke Dir für Glück, Freude und Glückseligkeit. Ich danke Dir für Wissen. Und ich danke Dir für Fülle. Ich bete jetzt darum, daß ich zurückgeführt werde, um mein ganzes SELBST wahrzunehmen.

Sitze heute für fünf bis zehn Minuten still und empfinde, wie die Liebe in Deinem Herzen pulsiert. Wenn Du Dich dann ruhig hinlegst, denke an einige von GOTTES Eigenschaften, bevor Du einschläfst. Werde eins mit diesen Eigenschaften, indem Du sie für Dein SELBST in Anspruch nimmst.

Zweiter Tag

Auch heute, so bald wie möglich nach dem Aufwachen und kurz vor dem Schlafengehen, lese dieses Gebet langsam und verstehe es:

Lieber GOTT, Du mein Schöpfer, ich danke Dir dafür, daß Du mich und die gesamte Schöpfung mit Liebe erschaffen hast. Ich danke Dir dafür, daß Du mir die Fähigkeit verliehen hast, Liebe zu fühlen und zu erfahren - das, was die Grundlage von allem ist. Ich danke Dir dafür, daß Du mich geschaffen hast, mein ganzes SELBST, (Name) . Ich danke Dir dafür, daß Du mich als vollkommenes und unveränderliches Wesen geschaffen hast, immer gleich - in dieser Minute und als ich geschaffen wurde.

Konzentriere Dich während einer fünf- bis zehnminütigen stillen Versenkung auf Dein Herz und fühle, wie Liebe von da pulsierend in den gesamten Kosmos fließt. Erkenne diese Liebe als Deine Verbindung mit allen und allem. Dann laß den Namen Deines HÖHEREN SELBST erscheinen, wie es in der zweiten Woche geschah. Laß Dich ganz los, Deine Aufmerksamkeit auf den Namen Deines HÖHEREN SELBST gerichtet.

Sage im Laufe des Tages, immer wenn es Dir einfällt: *Ich bin Liebe, und ich sende Liebe an (Name)*. Fühle, wie die Liebe aus Deinem Herzen dorthin fließt. Fühle Deine Verbindung. Gehe schlafen mit der gleichen Übung, Liebe auszustrahlen.

Dritter Tag

Beginne und beschließe den Tag mit diesem Gebet:

Lieber GOTT, Du mein Schöpfer, ich danke Dir dafür, daß Du mich vollkommen geschaffen und meine Vollkommenheit bewahrt hast, selbst als ich versuchte, mich von Dir zu trennen. Ich danke Dir dafür, daß Du mich unverwundbar für alle negativen und unwillkommenen Einflüsse gemacht hast. Ich danke Dir dafür, daß Du mir die Mittel gegeben hast, meine Aura zu reinigen und mit Deiner Liebe zu füllen. Ich danke Dir dafür, daß Du mein ganzes SELBST und meinen Namen bewahrt hast, sogar als ich mich zeitweilig verloren habe.

Beginne heute Deine stillen Minuten, indem Du Deine Aura von allen unwillkommenen Einflüssen reinigst. Benutze die Worte, die Du in der dritten Woche auswendig gelernt hast und mit denen Du alle Versenkungen in die Stille beginnst. Gehe heute in die Stille, genieße einfach nur das Pulsieren der Liebe und sei mit Deiner Aufmerksamkeit bei dem Zeichen von Deinem HÖHEREN SELBST.

Mache während des Tages immer dann besondere Anstrengungen, Deine Aura gegen alles außer Deinem HÖHEREN SELBST zu verschließen, wenn Du in Menschenansammlungen oder Bereiche von Krankheit oder Negativität gehst. Denke an GOTTES Eigenschaften, wenn Du heute nacht schlafen gehst und werde eins mit ihnen, indem Du erkennst, daß Du die gleichen Eigenschaften hast.

Vierter Tag

Das Morgen- und Abendgebet für heute lautet:

Lieber GOTT, Du mein Schöpfer, ich danke Dir dafür, daß Du mich als Dein Ebenbild geschaffen hast. Ich danke Dir, daß Du mir zu meinem Nutzen und meiner Freude alles Wissen der Schöpfung gegeben hast. Gib mir heute alles Wissen, was ich brauche und was ich mir wünsche für einen glücklichen, erfüllten Tag.

Beginne Deine stille Viertelstunde heute, indem Du Deine Aura von allen unwillkommenen Einflüssen reinigst. Dann erkenne einige von GOTTES Eigenschaften und werde eins mit ihnen, indem Du sie für Dich in Anspruch nimmst. Fühle in der stillen Versenkung die Liebe, während Du Dich in Deinem Herzen sammelst. Sprich in aller Ruhe die Gedanken aus, die Du hörst und die Du jetzt wahrnimmst, indem Du Dich auf Dein HÖHERES SELBST einstimmst.

Während Du durch Deinen Tag gehst, denke an die WAHRHEIT, die Dir in Deiner stillen Minute mitgeteilt ist. Bestimme ihre Bedeutung für Dein Leben. Wenn Du an diesem Abend schlafen gehst, sende Liebesenergie an alle und alles aus, wie es Dir in den Sinn kommt.

Fünfter Tag

Beginne und beende diesen Tag mit einem Gebet:

Lieber GOTT, himmlischer Vater, Du mein Schöpfer, ich danke Dir dafür, daß Du mich fernhältst von aller Negativität, Illusion oder Unwahrheit. Ich danke Dir, daß Du mich in Gedanken und Taten rein hältst. Ich danke Dir, daß Du mir eine klare Warnung gibst, wenn meine Souveränität wie von Wolken verhangen ist. Sei Du bei mir und hilf mir, Einflüsse zu überwinden, die mich ärgerlich, reizbar, furchtsam und erschöpft werden lassen.

Beginne heute Deine stille Versenkung in derselben Weise, wie sie inzwischen zur festen Gewohnheit geworden ist: reinige Deine Aura von allen unwillkommenen Einflüssen und werde eins mit GOTTES Eigenschaften. Diese stille Versenkung befaßt sich damit, noch einmal das klare Zeichen zu fühlen, das Du erhalten wirst, wenn es eine Besetzung in Deiner Aura gibt. Bitte um das Zeichen: *Bitte gib mir jetzt mein Zeichen für unwillkommene Einflüsse.* Wenn es kommt, so sage die Worte, die die Einflüsse heilen, und sei sicher, daß Du gleichzeitig auch Liebe und Licht an alle Gedankenformen um Dich herum sendest. Wiederhole es, bis Du Dich mit dem Zeichen vertraut fühlst.

Sende während des ganzen Tages Liebe aus an alle und alles, wie auch immer es Dir in den Sinn kommt.

Sei auch heute darauf bedacht, Deine Aura zu schließen, wenn Du in einer Menschenmenge, in der Nähe von Krankheit oder Negativität bist. Werde beim Schlafengehen eins mit GOTTES Eigenschaften.

Sechster Tag

Das Gebet für heute lautet:

Lieber GOTT, Du mein Schöpfer, ich empfange Deine Liebe, so wie sie zu mir kommt durch alles, was Du erschaffen hast. Ich weiß, daß Du mich als Liebe geschaffen hast, und ich gebe diese Liebe weiter an alles und an alle, denen ich begegne. Ich weiß, Leben heißt, Liebe zu vergeben. Und ich vergebe von ganzem Herzen jedem, der mich meiner Meinung nach ungerecht behandelt hat. Ich weiß, daß Du mich vollkommen geschaffen hast und daß niemand mich verletzen oder verändern kann. Meine Vergebung erkennt, daß es nichts zu vergeben gibt.

Während Deiner stillen Viertelstunde (beginne sie wie immer mit der Reinigung Deiner Aura und Einswerden mit GOTT) bitte Dein HÖHERES SELBST, Dir die Personen oder Situationen zu vergegenwärtigen, auf die Du immer noch Groll hast. Sende jeder einzelnen Liebe aus Deinem Herzen und vergib ihr, in der Erkenntnis, daß es in WAHRHEIT nichts zu vergeben gibt.

Sende während des ganzen Tages, sobald Du daran denkst, Liebe an alle und alles. Fahre mit der Gewohnheit fort, Deine Aura zu schließen. Denke spezielle Gedanken der Wärme und Güte für die Personen, die - wie Dir gezeigt wurde - Deiner Vergebung bedürfen. Gehe heute nacht schlafen mit Gedanken der Liebe und der Vergebung für Leute, denen Du vergeben mußt, so wie sie Dir heute, während der sechsten Woche oder sonst irgendwann einmal zu Bewußtsein gebracht wurden.

Siebenter Tag

Beginne und beende diesen letzten Wiederholungstag mit einem weiteren speziellen Gebet:

Lieber GOTT, Du mein Schöpfer, ich danke Dir dafür, daß Du diese Schöpfung gedacht hast und daß Du mich als einen Teil davon gedacht hast. Ich danke Dir, daß Du mich als Dein Ebenbild geschaffen hast und daß Du mich als Schöpfer - wie Du selbst - geschaffen hast. Ich bitte jetzt um Deine Gedanken, damit meine Schöpfung ebenso von Liebe, ebenso von Glück, ebenso von Fülle und ebenso von Frieden erfüllt ist.

Bitte Dein HÖHERES SELBST in Deiner stillen Viertelstunde, Dir die Fehler in Deinem Denken deutlich zu machen. Fahre fort damit, die Aufstellung von letzter Woche zu ergänzen.

Wenn Du schlafen gehst, denke an einige Abschnitte in Deinem Leben, die wundervoll waren. Erkenne, daß Du sie erleben konntest, weil Du sie mit Deinen Gedanken geschaffen hast. Rechne sie Dir in vollem Umfang als Dein Verdienst an.

Teil II

Definiere
Deine höchsten Wünsche
und lerne
die Gesetzmäßigkeiten
der Manifestation

NEUNTE WOCHE

Wahre Wünsche Beanspruchen

Inzwischen sind Deine stillen Viertelstunden leicht und selbstverständlich für Dich. Wenn es angenehm ist, kannst Du jetzt mehr als eine pro Tag machen, jeweils für eine Zeitdauer, die Dir angemessen erscheint. Ein Wort der Warnung jedoch: diese Versenkungen in die Stille sind Augenblicke von so herrlicher Gelassenheit und Klarheit, jedoch solltest Du bitte nicht in ihnen versinken und dabei Deine anderen Aktivitäten ignorieren. Diese stillen Momente dienen der Vorbereitung für das tägliche Leben. Verwende einen kurzen Zeitraum darauf, in Kontakt mit Deinem HÖHEREN SELBST zu treten, lade Dich mit der Energie und dem Wissen auf, was Du dort hast, und setze dann beides in dynamische Aktivität um.

Von jetzt an sollte jede stille Versenkung mit diesen sieben einfachen Schritten beginnen:

1. Sitze bequem, mit geschlossenen Augen, und richte Deine Aufmerksamkeit auf die Liebe, die aus Deinem Herzen pulsierend in die gesamte Schöpfung strömt.
2. Reinige Deine Aura von allen unwillkommenen Einflüssen und sende Licht an alle Gedankenformen um Dich herum.
3. Verschließe Deine Aura gegen alles, ausgenommen Dein HÖHERES SELBST.
4. Werde eins mit den Eigenschaften GOTTES, indem Du an einige Eigenschaften GOTTES denkst und sie als Deine eigenen erkennst.

5. Lege den Zweck dieser speziellen stillen Versenkung fest (wie z.B. "die Kommunikation mit meinem HÖHEREN SELBST üben", "Wissen empfangen, das für diesen Augenblick geeignet ist", "aufgezeigt bekommen, wo mein Denken nicht im Einklang mit GOTTES Gedanken steht," etc.).
6. Empfange das Zeichen von Deinem HÖHEREN SELBST und behalte das Zeichen während der gesamten Sitzung.
7. Sprich die Mitteilungen aus, die Dir von Deinem HÖHEREN SELBST in Deinen Gedanken gegeben werden.

Inzwischen bist Du ziemlich vertraut mit Deinen anderen täglichen Übungen. Sie werden immer mehr Routine, fast schon automatisch. Deine übliche Vorgehensweise während des Tages - sooft es paßt - ist folgende:

1. Verschließe Deine Aura gegen alles, ausgenommen Dein HÖHERES SELBST, sooft Du in Menschenmengen, in die Nähe von Krankheit oder Negativität gehst.
2. Reinige Deine Aura immer, wenn Du Dein Zeichen für unwillkommene Einflüsse bekommst, wenn Du ein sehr starkes Bedürfnis dazu hast und wenn Du Symptome der Einflüsse verspürst (wie z.B. Reizbarkeit, Erschöpfung, Launenhaftigkeit oder Übellaunigkeit), und sende dann Liebe und Licht an alle Gedankenformen in Deiner Umgebung.
3. Sende während des ganzen Tages Liebe aus Deinem Herzen an alle und alles, wenn Du daran denkst, und fühle, wie diese Liebe tatsächlich ausgestrahlt wird und dann zu Dir zurückkehrt.
4. Sende den Gedanken von Vergebung immer dann, wenn in Deinem Denken Groll aufsteigt oder wenn Dich anscheinend jemand verletzt hat oder verletzt.

Am Abend vor dem Schlafengehen hast Du zwei Übungen, die Du abwechselnd machen kannst:

1. Werde eins mit GOTT, indem Du an GOTTES Eigenschaften denkst und sie als Deine eigenen in Anspruch nimmst.
2. Sende Liebe und Vergebung an Deine Freunde, Deine Familie und an all und alles, wie es Dir dann in den Sinn kommt.

Diese Übungen während des Tages werden Dir nichts von Deiner Zeit wegnehmen. Sie sind einfach nur Gedanken. Du denkst sowieso die ganze Zeit. Jetzt aber denkst Du anstelle des normalen Geschwätzes, das Du bisher gewohnt warst, Gedanken der Liebe, der Heilung und der Sicherheit.

Vor der Wiederholung in der letzten Woche hast Du mit Deinem HÖHEREN SELBST über die Gedanken kommuniziert, die nicht in Einklang mit GOTTES Gedanken stehen. Du hast damit begonnen, eine Liste von jenen Bereichen in Deinem Denken aufzustellen, die korrekturbedürftig sind. Bald wirst Du damit beginnen, auf eine sichere und zuverlässige Art und Weise Deine Gedanken zu korrigieren - bewußt und unbewußt.

In dieser Woche wirst Du anfangen, eine andere Liste aufzustellen - eine Liste Deiner Wünsche. Was ist es, das Du erleben möchtest?

Immer, wenn Du Dir bisher an Deine Wünsche und Bedürfnisse gedacht hast, hast Du sie im wesentlichen vom Blickwinkel Deines niederen Selbst aus gesehen. Dir fehlte die Einsicht Deiner all-wissenden Intelligenz. Zu oft wurden Deine Wünsche bestimmt von Deinen Eltern, Deinen Freunden oder einfach nur von Deinem Bedürfnis, die Liebe und die Anerkennung von jemandem anderen zu gewinnen.

Verwende heute Deine stille Versenkung darauf, Mitteilungen von Deinem HÖHEREN SELBST zu erhalten, was Du im Leben wirklich in Anspruch nehmen möchtest. Nachdem Du - wie inzwischen gewohnt - in die Stille gegangen bist und das Zeichen von Deinem HÖHEREN SELBST empfangen hast, sprich die folgenden Worte: *Bitte teile mir meine wahren Wünsche mit!*

Halte ein Blatt Papier bereit, um Deine Wünsche aufzuschreiben. Bedenke, daß Du genauso zu GOTTES Gedanken gehörst wie alles andere auch. Das bedeutet, daß alles im gesamten Kosmos eins mit Dir ist. *Du* bist *es*. *Es* ist *Du*. Deshalb ist *alles* zu Deiner Verwendung und zu Deinem Glück bestimmt. Das unterscheidet sich von dem, was die vom Menschen erzeugte Illusion "Besitz" nennt. Bringe die beiden Dinge nicht durcheinander. Halte Dir einfach vor Augen, daß Dir wirklich alles zur Freude dienen soll. Du brauchst es nur für Deine Verwendung in Anspruch zu nehmen - mit Liebe, Dankbarkeit und Vergebung.

Du kannst nicht etwas beanspruchen und den Nutzen und das Vergnügen von dem, was Du beanspruchst, ausschließlich für Dich - oder aufgrund irgendeines "selbst-süchtigen" Motivs - bekommen. Das "selbst-süchtig" bezieht sich natürlich auf das niedere Selbst. Deine Beweggründe sollten "SELBST-süchtig" sein - vom HÖHEREN SELBST aus.

Glücklicherweise brauchst Du nicht über die Unterschiede nachzugrübeln. Du brauchst einfach nur Dein HÖHERES SELBST nach Deinen wahren Wünschen zu fragen. Das sind Wünsche in WAHRHEIT. Das sind Wünsche, die GOTT Dich wünschen lassen würde, denn sie stehen in Einklang mit GOTTES Gedanken, der die Schöpfung geschaffen hat. Sie sind der Gedankensame, der für Dich zu einer Schöpfung aufgehen kann, die voll von GOTTES Eigenschaften ist. Deine Wünsche sollen mit Liebe, Fülle, Frieden, Wissen, Freude und allen anderen Eigenschaften GOTTES in Erfüllung gehen.

Schreibe jeden Wunsch auf das Blatt Papier, wobei Du beginnst mit "Ich beanspruche...". Schreibe nur in der Gegenwartsform. In Wirklichkeit gibt es keine Zukunft und keine Vergangenheit, nur die Gegenwart. GOTT ist überall Gegenwart - Er ist *allgegenwärtig*. Er ist weder allvergangen noch allzukünftig. Wenn Du an die Vergangenheit denkst, dann stellst Du Dir dabei nur vor, was vielleicht passiert sein könnte. Sie ist ein Erzeugnis Deiner begrenzten Wahrnehmungsfähigkeit und Deiner Erinnerung. Sie ist eine Illusion der Illusion. Die Zukunft ist auch Deine Vorstellung, daß nämlich die Vergangenheit, so wie sie Deiner Meinung nach gewesen ist, sich mit gewissen Variationen wiederholen könnte. Während Du damit beschäftigt bist, über die Vergangenheit und die Zukunft zu träumen, verpaßt Du die Gegenwart, die die einzige echte Realität ist, die Du hast.

Du kannst gewisse spezifische Wünsche für Dich in Anspruch nehmen, solange Du nicht beanspruchst, den freien Willen eines anderen zu beeinträchtigen. Zum Beispiel kannst Du eine vollkommene Beziehung - in bedingungsloser Liebe - zu Harry oder Susan beanspruchen, aber Du kannst weder verlangen, daß Harry oder Susan Dein Mann oder Deine Frau wird, noch kannst Du beanspruchen, daß er oder sie eine sexuelle Beziehung mit Dir beginnt. Eine Beziehung, die sich auf bedingungslose Liebe gründet, liegt im höchsten Interesse eines jeden. Ob jedoch jemand Dich heiratet oder mit Dir eine intime Beziehung beginnt, ist Sache dieser Person. Der freie Wille kann nicht beeinträchtigt werden, auch nicht durch ein starkes und machtvolles Verlangen Deinerseits.

Sei realistisch. Formuliere Deinen Anspruch in einer Form, die Du für möglich hältst. "Ich beanspruche für mich Fülle und Reichtum in Form von jährlich $20.000 oder mehr." Das ist glaubhaft. Vermeide Einschränkungen, indem Du Formulierungen wie "oder mehr" und "oder besser" verwendest, sooft es möglich ist.

Prüfe nach Deinen stillen Versenkungen die Liste Deiner wahren Wünsche. Vergleiche sie mit der Liste der Gedanken, die Du korrigieren mußt. Kümmere Dich zu diesem Zeitpunkt nicht darum, die zwei Listen in Einklang zu bringen. Mache Dir einfach nur das Vergnügen, festzustellen, wie Deine gegenwärtigen Gedanken Dich davon abhalten, Deine wahren Wünsche Wirklichkeit werden zu lassen.

Bald, sehr bald wirst Du die Erfüllung dieser wahren Wünsche sehen.

Zehnte Woche

Die Welt der wahren Wünsche Erschaffen

Du bist als Ebenbild GOTTES geschaffen. Du bist ein Schöpfer. Du erschaffst Dir Deine eigenen Erfahrungen, Deine eigene Welt. Diese Deine Welt beginnt mit Deinen Gedanken - bewußt oder unbewußt.

Heute beginnst Du damit, die Welt, die Du haben willst und die Welt, die GOTT haben will, für Dich zu beanspruchen und zu manifestieren. Das heißt mit anderen Worten: Du beginnst, die Erfahrungen zu erschaffen, die GOTTES Gedanke für Dich bereithält.

Inzwischen weißt Du, daß Du schon immer ein Schöpfer gewesen bist. Du bist nicht einfach nur ein potentieller Schöpfer gewesen, sondern vielmehr ein Schöpfer im weitesten Sinne des Wortes. Deine Gedanken haben schon immer Deine Welt, Deine Erfahrungen erschaffen. Du brauchst also nichts Neues über die Mechanismen der Schöpfung zu lernen. Das hast Du bereits erledigt. Du brauchst nur eine einfache Formel, um die Welt, die Du Dir wahrhaftig wünscht - Deine Wünsche in WAHRHEIT -, zu manifestieren.

Die Schöpfungsformel ist ein einfacher siebenteiliger Satz. Präge Dir diesen Satz jetzt ein, bevor Du weitergehst:

GOTT und ich beanspruchen und akzeptieren Gedanken mit Vergebung und Dank. Amen.

1. *GOTT und*
2. *ich*
3. *beanspruchen und akzeptieren*
4. *Gedanken mit*
5. *Vergebung und*

6. *Dank.*
7. *Amen*

Jedes Wort ist ein wichtiger Bestandteil der Formel, und alle Teile zusammen geben Dir ein narrensicheres Mittel, um alle die Erfahrungen zu machen, die Du Dir wünscht. Ein großer Teil des Kurses bis hierher hatte den Zweck, Dich für diese Schöpfungsformel vorzubereiten. Du kennst bereits das meiste von dem, was darin eingeschlossen sein muß.

In dieser Woche übst Du diese Schöpfungsformel, um Dir damit die Erfahrung der SELBST-Annahme zu vermitteln. SELBST-Annahme ist das Endprodukt dieses Kurses, und tatsächlich auch Deines Lebens auf Erden. Es kann keinen höheren Gedanken, kein erhabeneres Ziel und keinen reineren Wunsch geben. Jetzt wollen wir uns jedem der sieben Teile der Schöpfungsformel zuwenden.

1. GOTT und

Du beginnst die Formel, indem Du Eigenschaften von GOTT aufzählst. Das einfache Darlegen und Denken SEINER Eigenschaften erhebt Dein Denken auf jene Höhe. Spüre in den Vorgang hinein und fahre fort, an GOTTES Eigenschaften zu denken, bis Du ganz klar GOTTES Liebe spürst. Du entscheidest, an welche Eigenschaften GOTTES Du denken möchtest. Du mußt Dir jetzt keine besonderen Worte einprägen. Um jedoch ein Beispiel zu geben, könntest Du denken:

> *GOTT ist Liebe. GOTT ist Licht, WAHRHEIT. GOTT ist Glück, Freude und Glückseligkeit. GOTT ist allwissende Intelligenz. GOTT ist überall gegenwärtig. GOTT ist Vollkommenheit. GOTT ist Frieden und Sanftmütigkeit. GOTT ist unendliche Energie. GOTT ist Fülle. GOTT urteilt nie.*

2. ich

Nachdem Du die Liebe GOTTES fühlst, vergegenwärtige Dir, daß auch Du die gleichen Eigenschaften verkörperst. Erkenne, daß Du als Ebenbild GOTTES geschaffen bist, daß Du eins mit GOTT bist und daß GOTTES Eigenschaften Deine Eigenschaften sind. Wiederhole die Eigenschaften GOTTES, an die Du gedacht hast, aber jetzt denke an sie als Deine eigenen. Wenn Du fertig bist, fühle und erkenne, daß Du EINS geworden bist. Ein Beispiel für diesen Abschnitt ist:

Ich bin als Ebenbild GOTTES geschaffen. Ich bin erschaffen mit denselben Eigenschaften, die auch GOTT hat. Ich bin eins mit GOTT. Deshalb: Ich bin Liebe. Ich bin Licht, WAHRHEIT. Ich bin Glück, Freude und Glückseligkeit. Ich bin allwissende Intelligenz. Ich bin ebenso allgegenwärtig. Ich bin Vollkommenheit. Ich bin Frieden und Sanftmut. Ich bin unendliche Energie. Ich bin Fülle. Ich urteile nie.

3. beanspruchen und akzeptieren

Dieser Abschnitt enthält das, was Du Dir wünscht. Er steht immer in der Gegenwartsform. Er ist immer so genau wie möglich; und enthält immer das, was Du gegenwärtig glaubst, erreichen zu können, denn Du mußt glauben, um zu erschaffen. Wenn Du zweifelst, so bedeutet das ganz einfach, daß es einen anderen, noch stärkeren Gedanken gibt, der schöpferisch wirksam wird. Wenn Du zum Beispiel beanspruchst, wie ein Vogel fliegen zu können, so würdest Du wahrscheinlich Deine Zweifel haben. Solch ein starker Zweifel würde Dich am Boden festhalten, trotz Deines Wunsches. Du mußt mit dem Glaubhaften beginnen. Langsam wird sich das, was Du alles glaubst, erweitern. Eines

Tages dann wird Dir klar, daß es keine Zweifel mehr gibt, und buchstäblich alles, was Du beanspruchst, wirst Du erleben.

Mehr darüber, wie man spezielle Wünsche beansprucht, wirst Du in den kommenden Lektionen und von Deinem HÖHEREN SELBST lernen. Sage für diese Woche einfach nur: *Ich beanspruche meine Selbst-Annahme.* Sofort danach, ohne Pause, nimm an, was Du soeben beanspruchst hast. Sage: *Ich akzeptiere meine Selbst-Annahme.* Demnach besteht dieser Teil der Formel aus zwei einfachen und fast identischen Sätzen. Einer lautet: *Ich beanspruche* ____ , und der andere: *Ich akzeptiere* _____ .

4. Gedanken mit

Dies ist der Abschnitt, um Dich mit den Gedanken zu befassen, die Deinem Anspruch im Wege stehen. Wie Du es vor ein paar Wochen getan hast, fragst Du Dein HÖHERES SELBST in einer stillen Versenkung, welche Gedanken - bewußt oder unbewußt - Deinen Wunsch daran hindern, sich zu manifestieren. Bitte in dieser Woche jeden Tag Dein HÖHERES SELBST, Dir die Gedanken zu Bewußtsein zu bringen, die Dich von Deiner SELBST-Annahme abhalten. Angst könnte es sein oder Zweifel, Ärger oder falsche Überzeugungen. Es könnte alles sein.

Wenn Du die Gedanken erkannt hast, die Deinem Anspruch im Wege stehen, heile diese Gedanken. Sage: *Ich heile den Gedanken von* ______ *und lasse ihn los.* Nachdem der Gedanke losgelassen ist, ersetze ihn mit dem richtigen Gedanken, wie z.B.: *Ich bin vollkommen und schön,* anstelle von "Ich bin häßlich und gebrechlich".

Wenn alle speziellen Gedanken geheilt, losgelassen und ersetzt sind, beende diesen Abschnitt mit:

> *Ich heile und lasse alle Gedanken los, die ich vielleicht habe und die diesem Anspruch, wissentlich oder unwissentlich, bewußt oder unbewußt, im Wege stehen. Meine Ge-*

danken sind jetzt Eins mit, die gleichen wie und in Übereinstimmung mit GOTTES Gedanken.

5. Vergebung und

Versetze Dich in diesem Abschnitt in einen Zustand totaler Vergebung. Du hattest jetzt schon eine Menge Übung darin. Vergebe ganz einfach jedem, gegen den Du noch Groll hegen könntest. Erkenne, daß Du vergibst, weil Du weißt, daß es nichts geben kann, was vergeben werden muß. Beende diesen Abschnitt, indem Du sagst: *Mein Herz ist in einem Zustand des Vergebens.*

6. Dankbarkeit.

Danke GOTT in diesem Abschnitt einfach nur für das, was Du beansprucht hast. Sage für die Schöpfungsformel dieser Woche: *Ich danke GOTT für meine SELBST-Annahme.*

7. Amen

Gib jetzt Deinen Anspruch frei. Erkenne: wenn Du etwas beansprucht und alle entgegenstehenden Gedanken losgelassen hast, bekommst Du, was Du beansprucht hast.

Dein Freigeben in diesem Abschnitt könnte so lauten:

> *Ich übergebe diesen Anspruch GOTT und den Naturgesetzen der Schöpfung. Mein Anspruch ist jetzt erschaffen. Das ist die Natur des Naturgesetzes. Amen.*

In dieser Woche solltest Du diese Schöpfungsformel für SELBST-Annahme zweimal täglich sagen. Du kannst das Beispiel im Anhang für die ersten paar Tage benutzen, weil diese Woche im wesentlichen dafür bestimmt ist, daß Du Dich mit der Formel vertraut machst. Diese Schöpfungsformel ist jetzt eines Deiner Hauptwerkzeuge. Sprich sie immer wieder, bis sie Dir zur zweiten Natur geworden ist, und Du genau weißt, was jeder Abschnitt beinhaltet.

Verwende Deine täglichen Versenkungen in die Stille darauf, spezielle Gedanken zu empfangen, die Dich von Deiner SELBST-Annahme abhalten. Schließe das, was Du von Deinem HÖHEREN SELBST empfängst, in Deine Schöpfungsformel mit ein.

ELFTE WOCHE

Das Herz Beleben

GOTT weiß alles. Jedes Naturgesetz ist Teil von GOTTES Gedanken, der alles erschaffen hat: das Wechselspiel der Moleküle, die Jahreszeiten, die physikalischen Zustände der Materie, die geistigen Welten, Schwerkraft und Zeit, das Wesen der Liebe, die Bestimmung der Menschheit, das Gleichgewicht der Natur, der Galaxien, und so weiter und weiter. GOTT weiß alles. ER weiß es bewußt. Das bedeutet, es ist SEIN Gedanke, der alles Wissen enthält.

Inzwischen kennst Du die logische Erweiterung von GOTTES Allwissenheit. *Du* weißt auch alles. *Du* bist genau dieser selbe Gedanke. Alles in diesem Gedanken steht Dir zur Verfügung, um von Dir gewußt und gedacht zu werden. Du brauchst Dich nur auf diesen Gedanken einzustimmen und alles zu fragen, was Du wissen möchtest.

Wie dumm ist es dann, daß Du Fehler machst. Wie unnötig ist es dann, zu überlegen, welche Handlungsweise wohl in Deinem weisesten Interesse liegen würde. Die Antworten sind alle da. Es besteht keine Notwendigkeit, zu raten oder umherzutappen.

Leiden jeglicher Art entsteht nur, wenn Du nicht an dieses Wissen angeschlossen bist. Leiden resultiert aus Fehlern, und Fehler bedeutet: nicht das Wissen in Anspruch zu nehmen und zu nutzen, was Dir ganz zur Verfügung steht. Du ver*fehlst* es, es *fehlt* Dir - Du machst *Fehler*.

Es gibt nun aber keine Entschuldigung für Fehler, für Leiden oder auch nur dafür, daß Du Dein Leben nicht in vollstem Ausmaß lebst. Du kennst Deinen Ursprung und Du weißt, daß Du teilhast an GOTTES Allwissenheit. Außerdem bist Du jetzt eingestimmt auf Dein HÖHERES SELBST, jene Quelle allen Wissens. In diesem Bewußtsein ist naturgemäß jeder Deiner Impulse richtig und vollkommen und läßt Dich Erfahrungen machen, die mit allen Eigenschaften GOTTES erfüllt sind.

Intellektuell wirst Du vielleicht nicht alles verstehen, was es an Wissen gibt. Der Verstand ist ein so kleiner Teil von Dir. Er ist im Kopf, während die Verbindung zu aller Intelligenz im Herzen liegt. Im Herzen weißt Du, daß das, was Du tust, richtig ist, selbst wenn Dein Verstand es nicht versteht oder sogar dagegen argumentiert. Der Intellekt hat keinen Zugang zur Gesamtheit Deiner Erfahrungen mehr, weil Du Dich von Deinem HÖHEREN SELBST getrennt hast. Der Intellekt nimmt an, daß Du ein getrenntes und einsames Wesen bist. Das ist Phantasie. Was Dein Kopf Dir sagen kann, beruht auf einer Phantasie.

Das Herz handelt nicht mit Phantasien. Es ist Deine Verbindung zu Deinem ganzen SELBST, zur ganzen Intelligenz und zur ganzen WAHRHEIT. Es führt Dich zu richtiger Handlungsweise, zu Erfüllung, zu Erfolg und zurück zur Ganzheit.

Deshalb liegt in dieser Woche der Schwerpunkt darin, Dein Herz zu beleben. Am ersten Tag dieser Woche sollst Du eine Schöpfungsformel aufschreiben, um genau das zu tun. Der Abschnitt mit Deinem Anspruch lautet einfach: *Ich beanspruche jetzt, daß ich mein Herz belebe und es befähige, mir meine allwissende Intelligenz zu bringen.*

Nutze Deine stille Versenkung heute, um zu entdecken, welche Gedanken Du hast, die Dein Herz daran hindern, sich der Allwissenheit zu öffnen. Beschäftige Dich mit jenen Gedanken in dem vierten Abschnitt der Formel.

Nachdem Du Deine Schöpfungsformel für Dein Herz formuliert hast, mache Dir jeden Abschnitt bekannt und vertraut. Du solltest die Formel in dieser Woche wenigstens einmal täglich mühelos ohne das Papier wiederholen. Erinnere Dich daran, in Deinem Herzen zentriert zu sein, wenn Du die Formel sagst oder denkst. Spüre die WAHRHEIT, während Du jeden Abschnitt denkst.

Am zweiten und dann an jedem weiteren zweiten Tag in dieser Woche ist es Zeit für Dich, ein neues Werkzeug zum Anzapfen dieser allwissenden Intelligenz zu üben. Dieses neue Werkzeug ist ein kinetisches Signal von Deinem HÖHEREN SELBST für ein "ja" und ein "nein". Du hast vielleicht sogar schon so ein Zeichen. Ein Schauer die Wirbelsäule hinauf, wenn Du etwas Übles oder Unpassendes sagen möchtest, ist nicht ungewöhnlich. Manche Leute bekommen feuchte Handflächen oder ein Zucken irgendwo. Dieses könnten verschiedene Formen für Zeichen von Deinem HÖHEREN SELBST sein. Du kannst Dich jetzt vielleicht nicht an irgendeines erinnern, aber in dem Maße, wie Du vertrauter mit Zeichen wirst, werden Dir einige wieder dämmern.

Du bist dafür verantwortlich, welche Zeichen Du haben möchtest. Halte Dir das immer vor Augen. Du bist nicht das Opfer von irgendeinem Zeichen. Wenn Du das Gefühl hast, es wäre zu offensichtlich für jemanden, der zuschaut, oder wenn es weh tut oder Dir einfach nicht gefällt, dann kann Du Deinem HÖHEREN SELBST sagen, es solle Dir ein neues geben. Dies trifft für alle Zeichen zu, selbst für das hauptsächliche Zeichen von Deinem HÖHEREN SELBST, genauso wie für die neuen "ja" und "nein"-Zeichen, die Du in dieser Woche lernen wirst.

Setze Dich jetzt bequem hin, wobei Du Deinen Kopf und Deine Wirbelsäule sehr aufrecht hältst. Komme zur Ruhe, mit Deiner Aufmerksamkeit im Herzen. Empfange das Zeichen von Deinem HÖHEREN SELBST und kommuniziere solange, wie Du Deinem Gefühl nach möchtest. Sage dann: *Liebe(r) (Name) , Du mein HÖHERES SELBST, bitte gib mir ein Zeichen für "ja", indem Du meinen Kopf dreimal von rechts nach links rotieren läßt.* Sitze locker, wobei Du Deinen Kopf wie auf einem Drehpunkt hältst. Leiste bei irgendwelchen Bewegungen keinen Widerstand. Laß ihn sanft nach links und dann wieder zurück zum Ausgangspunkt schwingen. Er wird das dreimal wiederholen, und das Zeichen von Deinem HÖHEREN SELBST wird dann wiederkommen. Übe dieses "ja"-Zeichen mehrere Male.

Wenn Du Dich mit dem "ja"-Signal vertraut fühlst, sage: *Liebe(r) (Name), Du mein HÖHERES SELBST, bitte gib mir ein Zeichen für "nein", indem Du meinen Kopf einmal von rechts nach links rotieren läßt.* Dann entspanne Dich wieder und laß Deinen Kopf nach links rotieren und dann in seine Ausgangsposition zurückkehren. Übe dieses Zeichen mehrere Male.

Übe jeden Tag die "ja"- und "nein"-Zeichen, indem Du das "ja" verlangst und dann das "nein". Vermische sie miteinander.

Diese Woche gibt es nur die Zeichen zu üben. Stelle zu diesem Zeitpunkt noch keine Fragen, die von den Zeichen beantwortet werden sollten. Vervollkommne sie einfach so weit wie möglich, so daß Du das "ja" und das "nein" leicht erkennen kannst. Fühle Dich so vertraut mit Ihnen, daß Du überhaupt keinen Zweifel mehr an diesem Vorgang hast.

Wenn anstelle des Rotierens vom Kopf ein anderes Zeichen kommt und wenn Dir dieses Zeichen gefällt, bleibe dabei. Vielleicht weiß Dein HÖHERES SELBST, daß eine andere Art von Zeichen für Deine Physiologie besser ist. Noch einmal: wenn Dir Dein "ja"- und "nein"-Zeichen absolut nicht gefällt, kannst Du ein anderes verlangen. Verlange jedoch nicht andere Zeichen, nur um den Vorgang zu testen. Tests dieser Art funktionieren nicht. Es würde Dich nur anfällig für Zweifel machen.

Sei Dir im Laufe dieser Woche einfach nur bewußt, daß Dein Herz dabei ist, sich zu öffnen. Vertraue Deinen Gefühlen. Handle danach. Deine Schöpfungsformel belebt Dein Herz und gibt ihm Kraft. Das ist die Verbindung zu GOTTES Gedanken, der Allwissenheit ist. Sein Input wird in den Gefühlen des Herzens sein. Genieße es.

Zwölfte Woche

Das Fließen der Liebe Erfahren

Gott ist Liebe. Gott schuf die gesamte Schöpfung nach Seinem Bilde. Alles ist Liebe. Liebe ist der alleinige Bestandteil von allen und allem. Liebe ist der bestimmende Faktor. Wir können Materie zurückführen bis auf das Atom, dann auf subatomare Partikel, danach auf verschiedene Formen von Energie und schließlich auf Liebe, aus der alles besteht.

Liebe ist das, was Einstein das einheitliche Feld nannte. *EINHEITlich.* Was für ein vollkommener, ausdrucksstarker Begriff für Liebe! Sie vereint alles. Wenn alles aus der gleichen Sache besteht und wenn diese Sache wirklich nur *eine einzige* Sache ist, dann folgt daraus ganz leicht, daß alles in der Schöpfung wirklich eins ist. Wir entstammen alle einer Liebe. Wir sind alle eine Liebe. Liebe vereint uns alle.

Wir fühlen dieses Bindeglied in unserem Herzen. Das ist es, was Du zu entwickeln begonnen hast: das bewußte Gewahrsein, daß es Liebe ist, die Dein wahres Wesen ausmacht. Liebe ist Deine Verbindung zu Gottes Gedanken und all Seinen Eigenschaften. Es gibt wirklich nichts anderes. Alles ist einfach nur ein Ausdruck der Liebe.

Dieser Kurs soll Dich nicht lehren, Dich in Vergessenheit aufzulösen. Du wirst nicht einfach nur entdecken, daß Du Teil eines unermeßlichen, undifferenzierten Meers aus Liebe bist. Jeder einzelne Aspekt dieser einen Schöpfung ist eine einzigartige und individuelle Manifestation der Liebe. Ebensogut können wir sagen, daß Du ein einzigartiger Ausdruck Gottes bist.

Du bist in der Tat ein Individuum. Du bist einzigartig, und Du wirst immer einzigartig sein. Gleichzeitig bist Du aber auch Eins mit der gesamten Schöpfung.

Deine Rolle im Leben ist auch einzigartig. Du siehst einzigartig aus. Du strahlst einzigartige Schwingungen aus, die Dein Markenzeichen sind. Du spiegelst GOTT wider, aber Du reflektierst ihn als ein einzigartiger Spiegel. Nichts sonst in der Schöpfung ist wie Du, und doch ist alles EINS mit Dir.

Wenn Du einzigartig bist, so ist es auch jeder andere. Deine Brüder und Schwestern haben einzigartige Gedanken, einzigartige Rollen, einzigartige Schwingungen, einzigartige Tatkraft und Wünsche. Sie sehen einzigartig aus. Ihre Reaktionen sind einzigartig. Doch unter all dieser Einzigartigkeit findet sich Liebe, dieselbe Liebe, die auch Dir zugrunde liegt.

Die einzig wahre Verbindung, die wir alle haben, ist die Liebe. Das ist genug, denn das ist alles, was es gibt in der Schöpfung. Es ist diese Verbindung in Liebe, die wir in den vergangenen zwei oder drei Monaten aufgebaut haben.

Wir alle erleben Liebe auf viele Arten, und alle sind sie legitime Erfahrungen. Sex ist sicherlich eine Erfahrung unseres Einssein mit einer anderen Person. Die Mutter, die für ihr Kind sorgt, ist eine Erfahrung von Liebe. Deine Zuneigung zu einem Deiner Großeltern ist eine andere Art von Liebe. Das Gefühl von Mitleid für jemanden, der in eine scheinbare Tragödie verstrickt ist, ist Liebe. Dein Gefühl von Freude über den Erfolg von jemandem anders ist Liebe. Werde Dir im Laufe der Tage dieser Woche der vielen Gefühle bewußt, die Du mit Deinem Herzen empfindest und die Ausdruck der Liebe sind.

Mache Dir bewußt, daß nicht alle Deine Erfahrungen der Liebe mit anderen Personen zu tun haben. Schließlich sind wir mit allem durch Liebe verbunden und deshalb erleben wir diese Liebe auch mit allem. Die Gefühle, die Du bekommst, wenn Du zu einem klaren Sternenhimmel aufschaust, sind Gefühle der Liebe. Die Gefühle, die Du hast, wenn Dein Hund Dich begrüßt, sind sicher ein Austausch von Liebe. Tiere und Pflanzen reagieren auf Deine Gefühle von Liebe. Sei Dir jetzt all dieser wunderbaren und vielfältigen Äußerungen der Liebe in Deinem Leben bewußt.

Wir können in jedem Augenblick des Tages ein anderes Gefühl von Liebe haben. Sie ist kein statisches, unveränderliches Gefühl für uns. Jeder Moment bringt ein neues Bündel an Erlebnissen, mit anderen Leuten, neuen Umgebungen, neuen Pflanzen und neuen Tieren. Mit jedem Menschen und jeder Sache können wir die Liebe erleben, die uns verbindet. Wir können die Tatsache, daß wir EINS sind, erkennen, indem wir einfach nur die Liebe fühlen.

Formuliere heute eine Schöpfungsformel, um die verschiedenen Formen der Liebe in Deinem Leben zu erfahren. Bitte heute in Deiner stillen Versenkung Dein HÖHERES SELBST darum, Dir den besten Wortlaut für Deinen Abschnitt *"beanspruchen und akzeptieren"* zu geben. Wenn Du glaubst, daß Du den besten Satz hast, sprich ihn aus und frage Dein HÖHERES SELBST, ob das der beste Anspruch für Deine Schöpfungsformel ist. Warte auf ein "ja" oder "nein"-Zeichen. Wenn Du ein "nein"-Zeichen bekommst, bitte noch einmal um den vollkommenen Wortlaut und wiederhole den ganzen Vorgang.

So wie bei allen Schöpfungs-Formeln solltest Du Dein HÖHERES SELBST nach den Gedanken fragen, die Du hast und die diese Erfahrungen beeinträchtigen. Die Liste, die Du vor einigen Wochen über solche Gedanken aufgestellt hast, könnte jetzt für Dich hilfreich sein. Beziehe diese Information in den *"Gedanken"*-Abschnitt der Formel ein.

Genauso, wie Du es letzte Woche auch getan hast, werde ganz vertraut mit dieser Schöpfungsformel. Nach ein paar Tagen solltest Du in der Lage sein, sie ohne das Papier zu denken oder ruhig zu sprechen. An jedem Tag in dieser Woche solltest Du die Schöpfungsformel auswendig mit Verständnis, Überzeugung, Bedeutung und natürlich mit Liebe rezitieren.

Wenn Du Dich sehr vertraut fühlst mit der Schöpfungsformel von dieser Woche, kannst Du noch eine aufstellen, für vollkommene und bedingungslose Liebe zu einer ganz bestimmten Person. Sei hier jedoch vorsichtig: versuche nicht, den freien Willen dieser anderen Person zu beeinträchtigen. Das kannst Du nicht. Es würde nur zu Enttäuschungen für Dich führen. Stelle darum niemals - weder jetzt noch sonst irgendwann einmal - eine Schöpfungsformel dafür auf, daß Dich jemand heiratet, mit Dir sexuell intim wird oder mit Dir zusammenzieht etc. Dein Anspruch ist für den Ausdruck einer vollkommenen und bedingungslosen Liebe zu dieser Person, deshalb sei offen für die Art und Weise, in der sich der Ausdruck dieser vollkommenen Liebe manifestiert. Lehne Dich dann zurück und genieße das Gefühl von Liebe, das er Dir bringt.

Diese gesamte Woche ist dazu da, das Gefühl des Einklanges mit allem zu fühlen. Wenn wir dieses Gefühl des Einklanges haben, müssen wir zwangsläufig einen Aspekt der Liebe fühlen. Es ist unmöglich, das nicht zu spüren, genauso wie es unmöglich ist, nicht naß zu werden, wenn Du Deinen Kopf ins Wasser steckst. Du mußt Liebe fühlen, wenn Du EINS geworden bist.

Diese Schöpfungsformeln bringen neue und erneuerte Gefühle von Liebe. Genieße sie ganz einfach nur. Das ist GOTTES Absicht.

Empfange während der stillen Versenkungen in dieser Woche von Deinem HÖHEREN SELBST jegliches Wissen über Liebe, das angebracht ist. Sprich aus, was kommt. Frage in regelmäßigen Abständen: "Habe ich das Wissen korrekt zum Ausdruck gebracht?" Warte auf Dein "ja"- oder "nein"-Zeichen. Falls "nein", finde heraus, welche Korrektur gemacht werden muß. Es ist sehr wichtig, Dein "ja" oder "nein" zu benutzen, um Deine Kommunikation zu überprüfen. Das baut Vertrauen in Deine Kommunikation auf und es gibt Dir mehr Übung mit den "ja"- und "nein"-Zeichen.

In dieser Woche wird Deine regelmäßige Übung, Liebe auszusenden an alle und alles - wie es Dir gerade in den Sinn kommt -, besonders erfreulich sein. Kenne und fühle die Verbindung in Deinem Herzen, während Du Deinen unendlichen Vorrat an Liebe an die Welt weitergibst.

DREIZEHNTE WOCHE

Spontan richtig Handeln

Gedanken sind die Grundlage aller Deiner Handlungen. Bevor Du handelst, ist ein Gedanke da, wie kurz er auch immer sein mag. Manchmal machst Du Dir viele Gedanken, bevor Du handelst. Du denkst an alle Alternativen, wägst die Möglichkeiten ab und versuchst, Ergebnisse vorherzusagen. Ein anderes Mal handelst Du schon, bevor der Gedanke überhaupt wahrgenommen ist.

Dennoch: jeder Gedanke führt zu einer Handlung oder beeinflußt auf irgendeine Weise einen Aspekt Deiner Handlungen. Das ist die Quintessenz dessen, was dieser Kurs deutlich machen will - das jeder Gedanke zu irgendeiner Erfahrung führt.

Deshalb liegt der Schlüssel zu äußerst produktiver, erfüllender und erfreulicher Aktivität darin, die richtigen Gedanken zu haben. Das kann niemand bestreiten. Jeder möchte richtige Gedanken und jeder bemüht sich um richtige Handlungen.

Warum sehen wir dann bei all diesen Bemühungen und guten Vorsätzen so viele böse Handlungen, so viel Elend, so viel Unerfülltheit und so viel Lehrlauf? Inzwischen kennst Du die Antwort. Es ist einfach deswegen, weil sich die Leute ihre eigenen Phantasien ausdenken. Sie erzeugen ihre eigenen Gedanken, anstatt sich selbst zu gestatten, in Einklang mit diesem einen großen Gedanken, der uns geschaffen hat, zu stehen.

Wenn Du in Übereinstimmung mit GOTTES Gedanken stehst, dann sind alle Gedanken, die Dir in den Sinn kommen, richtig. Das heißt, es sind Gedanken, die Dich zu Handlungen führen, die nur die Erfahrung von Glück, Fülle, Erfolg, Freude, Liebe und von den anderen Eigenschaften GOTTES mit sich bringen können. Nur Eigenschaften GOTTES werden erfahren mit GOTTES Gedanken.

Wenn Du Dir Deine eigenen Gedanken machst -wozu Du sehr gut in der Lage bist -, erlebst Du nicht immer GOTTES Eigenschaften. Du stellst Dir Dinge vor, die nicht wahr sind, wie zum Beispiel arm zu sein oder krank zu sein oder ungerecht behandelt worden zu sein oder ungeliebt zu sein. Diese Gedanken sind einfach nicht wahr, und selbst noch so viele Gedanken von Dir können das nicht ändern. Die Schöpfung wurde geschaffen, damit Du GOTTES Eigenschaften erfährst. Deine kleinen unabhängigen Gedanken können sicherlich die Erfahrungen manifestieren, für die sie stehen. Denke 'Armut', und Du wirst sie erleben. Denke 'Krankheit', und Du wirst sie erleben. Denke 'Altwerden und Sterben', und Du wirst es erleben. Denke, daß Du nicht geliebt wirst, und das ist Deine Erfahrung. Denke 'Elend', und das ist Deine Erfahrung. Denke, daß die Leute darauf aus sind, Dich zu verletzen, und das ist Deine Erfahrung.

Es ist Deine Erfahrung, aber das bedeutet nicht, daß es die WAHRHEIT ist. Es ist *nur* Deine Erfahrung. Deine Erfahrung muß dem folgen, was Du denkst. Du bist erschaffen als Ebenbild GOTTES. Er ist ein SCHÖPFER, und also bist auch Du ein Schöpfer. SEINE Schöpfung begann mit SEINEM Gedanken. Ebenso beginnt Deine Schöpfung mit Deinem Gedanken.

In dieser Woche erweiterst Du Deine Kenntnisse, zu manifestieren, was Du wirklich möchtest. Du beginnst zu erfahren, daß Du spontan das Richtige tun kannst. Es wird so aussehen, als ob Du nicht einmal denkst, bevor Du handelst, aber wir wissen, daß das nicht wahr sein kann. Was passiert, ist, daß Du an die Handlung denkst, unmittelbar bevor Du sie ausführst. Auf diese Weise erscheinen Gedanke und Handlung eins zu sein. So funktioniert es, wenn Du wahrhaftig in Einklang mit GOTTES Gedanken bist.

SEIN Gedanke kommt Dir in den Sinn, und ganz spontan handelst Du. Ziemlich bald wird das Leben zu einem ganz leichten Fließen. Du mußt nichts mehr beschwören, Alternativen abwägen, Möglichkeiten überlegen und dann blindlings springen. Du handelst einfach.

Wenn Du Deine eigenen kleinen Gedanken anwendest, dann springst Du wirklich blindlings. Es ist unmöglich, daß Du genügend Fakten im Kopf hast, um jedesmal die richtige Handlungsweise herauszufinden. Manchmal kommst Du vielleicht mit Glück zum Ziel, aber niemals immer. Es gibt zu viele Unbekannte.

Halte Dir jedoch vor Augen, daß Du eine Eigenschaften GOTTES besitzt, die als allwissende Intelligenz beschrieben wurde. Diese Eigenschaft tritt hervor, wenn Du in Einklang mit SEINEM Gedanken bist. Dann errechnest Du augenblicklich die richtige Handlungsweise. Du denkst die Handlung und führst sie im gleichen Augenblick aus, völlig automatisch.

Richtige Handlungsweise sind die Handlungen, die Dich GOTTES Eigenschaften erleben lassen: Glück, Liebe, Freude, Glückseligkeit, Fülle, Urteilsfreiheit, Grenzenlosigkeit, allwissende Intelligenz, Frieden, Güte, etc. Diese richtige Handlungsweise ist es, die Dich wegführt von Deinen Einbildungen. Sie führt Dich weg von Furcht, Unsicherheit und Einsamkeit, und hin zu Fülle und wahren Beiträgen für die Gesellschaft. Es ist Aktivität, die erfüllend und erfolgreich und befriedigend ist.

Sieh Dir die Liste an, die Du vor einigen Wochen zusammengestellt hast über die Erfahrungen, die Du machen möchtest. Vergleiche diese Liste noch einmal mit der Liste von den Gedanken, die Dich von besagten Erfahrungen fernhalten. In dieser Woche machst Du Dich daran, diese Listen zusammenzufügen und anzufangen, Deine wahren Wünsche zu manifestieren.

Schreibe heute eine Schöpfungsformel für Führung dabei auf, spontan richtig zu handeln. Nutze Deine Versenkung in die Stille dazu, Dein HÖHERES SELBST um Hilfe bei dieser Formel zu bitten. Überprüfe Deine Kommunikation und die Richtigkeit der Formel mit Deinen "ja"- und "nein"-Zeichen. Dies ist eine sehr wichtige Schöpfungsformel. Fühle Dich vertraut mit ihr. Sage sie jeden Tag bedeutungsvoll und mit Liebe.

Morgen wirst Du Dir eine Schöpfungsaktivität aus der Liste von Erfahrungen, die Du machen möchtest, auswählen. Wähle eine Erfahrung, die erreichbar erscheint, eine, von der Du tatsächlich glaubst, daß sie passieren kann. Alles ist möglich, und das wird Dir sehr bald klar werden. Für diese erste Erfahrung jedoch ist es wichtig, daß Deine eigenen Zweifel, Bedenken und Einbildungen die Manifestation nicht blockieren. Wähle deshalb etwas aus, was glaubhaft ist.

Benutze als nächstes eine stille Versenkung, um zu überprüfen und sicherzustellen, daß die Aktivität, die Du wählst, in Deinem höchsten Interesse liegt. Du tust das, indem Du Dein HÖHERES SELBST fragst (und sei sicher, daß Du sein Zeichen hast!), ob es klug sei, eine Frage über ________ (beschreibe die Aktivität) zu stellen. Wenn Du ein "ja" bekommst, dann frage: *Liegt es in meinem höchsten und weisesten Interesse, zu* _______ [beschreibe die Aktivität]. Wenn Du ein "ja"-Zeichen erhältst, dann formuliere eine Schöpfungsformel für die Erfahrung, die Du machen möchtest. Überprüfe mit Deinem HÖHEREN SELBST, ob Du Dich mit irgendwelchen Gedanken auseinandersetzen mußt, die die Erfahrung beeinträchtigen könnten. Benutze Deine "ja"- und "nein"-Zeichen auch, um die Korrektheit Deiner Schöpfungsformel zu überprüfen.

Halte Dir vor Augen, daß Du immer noch dabei bist, diese Techniken zu erlernen. Versuche nicht, allzuschnell vorwärtszugehen. Beschäftige Dich einfach nur mit diesen zwei Schöpfungsformeln. Fühle Dich vertraut und sicher in ihrem Gebrauch. Binnen kurzem wirst Du sie regelmäßig als Grundlage für Deine Gedanken benutzen, um Dir all die Erfahrungen zu bringen, die - wie Du und Dein HÖHERES SELBST wissen - in Deinem höchsten und weisesten Interesse liegen.

VIERZEHNTE WOCHE

Vollkommene Gesundheit Manifestieren

Halte Dir während der stillen Versenkungen jeden Tag vor Augen, daß es Dein eigenes SELBST - Dein HÖHERES SELBST - ist, mit dem Du kommunizierst. Es gibt viele Formen von Leben außerhalb des Bereiches, den Du mit Deinen Sinnen wahrnehmen kannst, und einige sind sehr bewußt und geben Dir Führung.

Andere sind Wichtigtuer, denen es Spaß macht, Deine Aufmerksamkeit zu erregen. Die Kommunikation mit ihnen kann hilfreich sein oder auch nicht; die Wahrscheinlichkeit ist sehr hoch, daß sie für Dich ohne Nutzen sein würde, wenn nicht sogar schädlich. Das ist nicht deshalb so, weil diese Seelen etwa versuchen, absichtlich irreführend oder boshaft zu sein. Sie haben nur einfach nicht das Bewußtsein, um zu helfen.

Aus diesem Grunde mußt Du Dich immer ganz genau an die Vorgehensweise bei Deinen stillen Versenkungen halten. Werde immer eins mit GOTT. Reinige immer Deine Aura von allen unwillkommenen Einflüssen. Verschließe immer Deine Aura gegen alles, ausgenommen Dein HÖHERES SELBST. Empfange immer das Zeichen von Deinem HÖHEREN SELBST. Diese Sicherheitsvorkehrungen sind essentiell. Es gibt kein abgekürztes Verfahren.

Du mußt Dich auch wieder daran erinnern, daß Du diesem Kurs nichts hinzufügst. Nimm nichts vorweg und habe nicht das Gefühl, daß Du bereit wärst für spezifischere Schöpfungsformeln. "Sicherheit zuerst" ist immer Deine Grundüberlegung. Es ist nur eine Frage der Zeit. Nimm jede Lektion, wie sie ist.

Allmählich bist Du jetzt schon einen langen Weg gegangen. Du fühlst Dich nun vertraut mit dem Konzept Deiner Göttlichkeit, Deiner Vollkommenheit und Deiner Heiligkeit. Jetzt begreifst Du die Realität Deines EINS-Seins mit allen und allem. Jetzt verstehst

Du, wie Du Schöpfer bist und wie Du mit Deinen Gedanken ständig Deine Erfahrungen erschaffst. Du weißt jetzt den Unterschied bezüglich der Qualität Deiner Erfahrungen - der Lebensqualität - zu würdigen, wenn Deine Gedanken in Übereinstimmung, identisch mit GOTTES Gedanken sind.

Immer, wenn Du Schmerzen empfindest, weißt Du, daß Deine Gedanken korrigiert werden müssen. Es kann keinen Schmerz geben mit GOTTES Gedanken. Mit SEINEM Gedanken werden nur SEINE Eigenschaften Wirklichkeit. GOTT ist nicht Schmerz. ER weiß von keiner solchen Erfahrung. Schmerz ist Deine ganz eigene Manifestation.

Die medizinische Wissenschaft erkennt endlich den machtvollen Einfluß unserer Gedanken auf unsere Gesundheit an. Die Beweise sind inzwischen überwältigend. Menschen haben ihre unheilbaren Krankheiten geheilt, indem sie sich selbst als vollkommen gesund vorgestellt und daran geglaubt haben. Ein ganz neuer Wissenschaftszweig entwickelt sich in Hinsicht auf streßbedingte Krankheiten. Psychologische Faktoren im Denken sind dafür bekannt, daß sie schmerzhafte Empfindungen auslösen können.

Sogar noch tiefergehend ist die Tatsache, daß das Leid schlechter Gesundheit keine Realität ist. Es ist Illusion. Bedenke, Du kannst Deine eigenen individuellen Erfahrungen verursachen. Du kannst jedoch niemals verändern, was Du wirklich bist, als was Du erschaffen wurdest. Du kannst nur Deine Erfahrungen ändern.

Deshalb: selbst wenn Du Krebs durchmachst, bist Du in Wirklichkeit immer noch vollkommen. Wenn Du Magengeschwüre hast, bist Du in WAHRHEIT wohlauf. Du kannst jede Art von Erfahrung herbeiführen, aber Du kannst nicht die Tatsache ändern, daß Du vollkommen erschaffen wurdest, immer noch vollkommen bist und immer vollkommen sein wirst.

Obwohl dies eine Tatsache ist, ist das Problem unerkannt geblieben, weil die Verbindung zwischen Deinen Gedanken und Deiner Gesundheit nicht so offensichtlich ist. Niemand denkt:

"Ich möchte Krebs haben" oder "Ich möchte blind werden" oder "Ich glaube, in dieser Woche bekomme ich eine Erkältung." Natürlich - diese Gedanken sind sehr machtvoll und würden tatsächlich Deine Gesundheit beeinflussen. Aber die Art Gedanken, die Dir den Zugang zu vollkommener Gesundheit verwehren, sind normalerweise nicht so offensichtlich,

Ein sehr häufiger Gedanke, der schlechte Gesundheit verursacht, ist der Groll. Dieser Gedanke stoppt den Fluß Deiner Lebenskraft. Liebe ist Deine Lebenskraft. Wenn Du Groll hegst, unterbrichst Du absichtlich die Liebe.

Ein anderer Gedanke dieser Art ist die Angst vor etwas. Auch hier: jegliche Angst schneidet die Liebe ab. Angst ist einfach die Ablehnung Deiner eigenen Vollkommenheit und eine Verleugnung der Tatsache, daß nichts Deine Vollkommenheit ändern kann. Irgendwie hast Du die Idee konstruiert, daß irgend etwas von Deiner Vollkommenheit einen Faden abbeißen und Dich zum Schlechten hin verändern kann. Diese unbegründete Angst leugnet die Lebenskraft Liebe.

Die Lebenskraft Liebe erkennt immer Deine Vollkommenheit. Wenn sie fließt, dann kannst Du nur diese Vollkommenheit erleben. Wenn die Lebenskraft Liebe in Dein Leben tritt, muß die Vollkommenheit zurückkehren - ungeachtet Deiner leidvollen Erfahrungen.

Jeder Gedanke, der nicht in Einklang mit GOTTES Gedanken steht, trägt das Potential für Leid in sich. Schau Dir die Liste Deiner Gedanken an, die sich nicht vertragen mit denen GOTTES. Jeder von ihnen könnte Krankheit hervorrufen. Jeder von ihnen verleugnet die Liebe, indem er Dein wahres Wesen verleugnet.

Es soll jetzt nicht der Versuch unternommen werden, weitere Überlegungen über die Arten von Gedanken anzustellen, die Du hast und die korrekturbedürftig sind. Du weißt, welche es sind. Sie hemmen Deinen Fluß der Liebe. Vor Wochen hast Du Dein HÖHERES SELBST um eine Eingebung hinsichtlich einiger dieser

Gedanken gebeten. Du hast damit jetzt einen guten Anfang. Diese Liste ist nicht vollständig, aber Du hast die Mittel, sie zu erweitern.

Schreibe heute eine Schöpfungsformel für vollkommene Gesundheit. Nutze Deine heutige stille Viertelstunde, um Deine Liste der Gedanken, die Deine vollkommene Gesundheit verhindern können, zu erweitern. Benutze Deine "ja"- und "nein"-Zeichen ausgiebig, um Deine Kommunikation mit Deinem HÖHEREN SELBST zu verifizieren. Benutze sie, um Deine Formel zu überprüfen und um Deine hinderlichen Gedanken zu überprüfen. Werde - so wie in der letzten Woche - ganz vertraut mit der Formel für vollkommene Gesundheit. Sage sie an jedem Tag mit Liebe und Vertrauen. Sie ist wahr.

Erkenne: wenn diese Formel ausgesprochen ist, hast Du das in Bewegung gesetzt, was nötig ist, um vollkommene Gesundheit zu haben. Das nächste Mal sagst Du dann die Formel in dem Wissen, daß der Prozeß schon begonnen hat. Vollkommene Gesundheit hat sich schon auf einer subtileren Ebene manifestiert. Die physische Verwirklichung muß jetzt folgen. Sie muß und sie wird. Wiederhole also die Formel niemals deshalb, weil Du glaubst, daß nichts passiert sei und Du sie besser noch einmal sagen solltest. Wiederhole die Formel vielmehr, um das zu verstärken, was bereits begonnen hat.

Suche Dir morgen einige Gesundheitsprobleme aus, die Du hast. Nutze Deine Versenkung in die Stille, um von Deinem HÖHEREN SELBST zu erfahren, welche Gedanken korrigiert werden müssen. Dann formuliere dazu eine Schöpfungsformel. Sage diese Formel in dieser Woche zusammen mit der Formel für vollkommene Gesundheit. Von jetzt an brauchst Du aber nicht die gesamte Formel zu wiederholen, wenn diese unmittelbar der Formel für vollkommene Gesundheit folgt. Wiederhole nur die Abschnitte, die verschieden sind (Beanspruchen und Akzeptieren, Gedanken mit, Dank) und das Amen.

Erwarte, gewaltige Fortschritte in Richtung auf vollkommene Gesundheit zu bemerken. Es ist Dein göttliches Erbe. Du kehrst zur WAHRHEIT Deiner Vollkommenheit zurück.

Hier kommt noch eine kleine Erinnerung: vergiß nicht, Liebe auszusenden an alle und alles, wie es Dir in den Sinn kommt. Verschließe Deine Aura gegen alles, Dein HÖHERES SELBST ausgenommen, wenn Du in eine Menschenmenge gehst oder in die Nähe von Negativität. Mache weiter damit, Deine Aura von unwillkommenen Einflüssen zu reinigen. Gehe in einer Nacht mit Gedanken der Einswerdung schlafen und in der nächsten Nacht mit Gedanken der Liebe und Vergebung.

Fünfzehnte Woche

Führung für weises Handeln Empfangen

Du bist angekommen. Jetzt bist Du bereit, aus dem Schoße dieses Kurses auszubrechen. Du bist bereit, alle Techniken, die Du entwickelt hast, anzuwenden.

Du brauchst nicht länger nachzugrübeln, was Deine weiseste Handlungsweise ist. Du weißt es, weil Du EINSgeworden bist mit Deiner all-wissenden Intelligenz und Du alles herausfinden kannst, was Du fragst.

Du brauchst nicht länger Einsamkeit oder Mangel an Liebe durchzumachen. Du bist EINSgeworden mit Deiner Liebe und ziehst sie an, damit sie durch Dich fließt.

Du brauchst nicht länger Leid durchzumachen. Du bist EINSgeworden mit Deiner Vollkommenheit und kannst jedes Denken korrigieren, das die Erfahrung von Leid mit sich bringt.

Du brauchst nicht länger etwas anderes als GOTTES Eigenschaften zu erfahren. Eigentlich brauchtest Du das nie. Du warst jedoch begraben in einem Teufelskreis von negativen, individuellen Gedanken, die ständig die Erfahrungen von Schmerz, Mangel, Furcht und Versagen fortgesetzt haben.

Das soll nicht bedeuten, daß von jetzt an alle Deine Tage nur noch die Erfahrungen von GOTTES Glückseligkeit sein werden. Es ist nur so, daß es nicht mehr länger etwas anderes sein muß. Die Techniken, die Du kennst, funktionieren in direkter Abhängigkeit davon, wie regelmäßig und gewissenhaft Du sie anwendest. Sie funktionieren wirklich.

Es kann sein, daß Du Dich für eine Weile mit jenen widerspenstigen Gedanken auseinandersetzen mußt, die nicht in Einklang mit GOTTES Gedanken, der Dich geschaffen hat, stehen. Bis sie neutralisiert und losgelassen sind, können sie immer noch Erfahrungen manifestieren. Laß Dich dadurch nicht in Deiner Sorgfalt einschränken. Diese Gedanken können sogar Gegengedanken ins Spiel bringen, daß dieser Kurs albern sei oder überflüssig oder ineffektiv oder sogar schlecht. Diese Gedanken scheinen fast ein Eigenleben zu führen, und nun versuchen sie alles, was in ihrer Macht steht, um ihr Leben zu retten. Beobachte einfach nur diesen Prozeß, aber laß Dich nicht in die Negativität hineinziehen. Übe diese Techniken mit Unvoreingenommenheit, in dem Wissen, wohin sie Dich bringen werden.

In Deinen Versenkungen in die Stille steht es Dir jetzt frei, jegliche Führung, die Du möchtest, zu empfangen. Dein HÖHERES SELBST ist Dein. Es ist Du. Dein ganzes SELBST ist jetzt für jede Hilfe verfügbar, die Du benötigst, um den Sinn Deines Lebens zu erfüllen.

Das ist jetzt der Schlüssel für alle Deine Kommunikationen mit Deinem HÖHEREN SELBST - den Sinn Deines Lebens zu erfüllen. Das ist wirklich alles, woran Du interessiert bist - wenn Du darüber nachdenkst.

Was *ist* der Sinn Deines Lebens? Zum ersten ist Dein höchstes Ziel, zurückzukehren zum EINSsein - zurückzukehren zu dem Zustand, wo Du weißt, wer und was Du in WAHRHEIT bist, und zurückzukehren zu den Erfahrungen von GOTTES Eigenschaften. Das ist Dein Hauptziel, und dafür hat Dein HÖHERES SELBST Dich immer angespornt und geleitet. Es steht jetzt bereit, um alles, was Du für diese Rückkehr wissen möchtest, mitzuteilen. Informationen werden Dir während Deiner täglichen Versenkungen in die Stille gegeben. Fragen zu Deiner höchsten Aktivität werden immer entweder mit den "ja" oder "nein"-Zeichen oder in direkter Kommunikation beantwortet.

Es gibt auch ein zweites Ziel für Dich, und für jeden einzelnen ist das verschieden. Das ist Deine tägliche Aktivität, die sich mit Lebensführung befaßt. Einige nennen es *"Dharma"*. Es ist jede Aktivität, die es Dir besonders leicht macht, Dein Hauptziel zu verwirklichen. Deine Arbeit, Dein Liebesleben, Deine Erholung, Deine Studien und Deine Hobbys sind alle dazu da, Dich zum EINSsein zurückzuführen. Auch hinsichtlich dieser Aktivitäten ist Dein HÖHERES SELBST bestrebt, Dich in Deinem Wissen zu vervollständigen und anzuleiten.

Heute und in Deinen zukünftigen Versenkungen in die Stille solltest Du zwei Abschnitte haben. Der erste: sei einfach nur rezeptiv. Empfange. Alles Wissen, was weise für Dich ist, wird zu dieser Zeit kommen. Der zweite: Du kannst um Führung bitten bei irgendeinem Thema; aber beginne bei jedem Thema mit: *Ist es in meinem höchsten und weisesten Interesse, eine Frage zu stellen über _(Thema)_ ?*

Wenn die Antwort "nein" ist, dann solltest Du vielleicht herausfinden, warum. Vielleicht ist es deshalb, weil Du bereits die Antwort kennst. Vielleicht ist es etwas, was Du weiter lösen mußt ohne irgendwelches zusätzliches Wissen. Möglicherweise ist es einfach nur eine Illusion, mit der Du Dich befaßt. Die Erklärung für ein "nein" kann sehr aufschlußreich sein.

Wenn die Antwort "ja" ist, dann finde heraus, ob Dein HÖHERES SELBST Dir die Antwort direkt mitteilen möchte oder ob Du weiter ja-oder-nein Fragen stellen solltest. Normalerweise wird Dein HÖHERES SELBST Dich entscheiden lassen, welchen Weg Du gehen möchtest.

Leite jede wesentliche Frage immer ein mit: *Ist es in meinem höchsten und weisesten Interesse,* ______ [gib Deinen Wunsch oder Deine mögliche Handlungsweise an].

Wenn Deine Antwort auf eine Frage merkwürdig erscheint, überprüfe, ob Deine Aura unter einem unwillkommenen Einfluß steht. Das vernebelt immer Deine Antworten, die dann schwer zu empfangen sind oder schlichtweg falsch sein können.

Wenn Deine Antwort auf eine Frage "nein" ist, so kann das bedeuten: "Nein, es ist nicht weise für Dich, eine Antwort zu dieser speziellen Frage zu bekommen." Das ist ein "unechtes *Nein*". Um das herauszufinden, frage: *Ist das ein echtes Nein?*

Rufe Dir außerdem in Erinnerung, daß Deine Fragen wörtlich genommen werden. Was Du sagst, muß auch genau das sein, was Du meinst. Wähle Deine Worte sorgfältig. Denke immer an irgendwelche Doppelbedeutungen, die Du vielleicht unbeabsichtigt in Deine Satzstruktur einbaust.

Wenn Du Dich nach der höchsten und weisesten Handlungsweise erkundigst, dann sei Dir bewußt, daß ein "ja" nicht die genau entgegengesetzte Handlungsweise ausschließen muß. Es kann in Deinem höchsten und weisesten Interesse liegen, Deine Stelle zu wechseln. Gleichzeitig kann es in Deinem höchsten und weisesten Interesse liegen, Deine Stelle nicht zu wechseln. Du wirst auf die Frage "Welches ist das Höchste und Weiseste?" keine Antwort erhalten. Du wirst nur innerhalb eines großzügigen Bezugsrahmens geführt, weil Du immer einen weiten Bereich von Wahlmöglichkeiten hast, wobei jede von denen vollkommen auf Dich passen würde.

Es wird keine Einmischung in Deinen freien Willen geben. Das ist deshalb, weil Du in diesem heiklen Stadium, wo Du Dir Dein HÖHERES SELBST noch als von Dir getrennt vorstellst, Deinen freien Willen trainieren mußt. Dein HÖHERES SELBST wird nicht zulassen, daß Dein freier Wille träge wird. Es gibt eine beliebige Zahl von Geistwesen, die sich allzugerne Deines freien Willens bemächtigen und das Kommando über jeden Aspekt Deines Lebens übernehmen würden. Das ist der Grund, weshalb Du während Deiner Versenkungen in die Stille immer die Sicherheitsvorkehrungen treffen mußt.

Diese stillen Versenkungen sind der Schlüssel zum Gebrauch Deiner Schöpfungsformeln. Du kannst jetzt die Formel für jeden Wunsch verwenden, vorausgesetzt, (1) Dein HÖHERES SELBST hat während einer stillen Versenkung bestätigt, daß der Wunsch in Deinem höchsten und weisesten Interesse liegt, und (2) Dein HÖHERES SELBST hat die Gedanken, die Du hast und die diesem

Wunsch im Wege stehen, enthüllt. Wenn Du irgendwelche Zweifel oder Fragen hinsichtlich Deiner Schöpfungsformel hast, kläre sie mit Deinem HÖHEREN SELBST während einer stillen Versenkung.

Sei Dir bewußt, daß die Formel in dem Moment, wo Du sie gesagt hast, begonnen hat, sich zu manifestieren. Die allmächtige Natur hat begonnen, ihre gesamten Kräfte aufzubieten, um Dir die Erfahrung zu ermöglichen, die Du Dir wünscht und von der Du glaubst, daß sie geschehen wird. Fahre jedoch damit fort, die Manifestation täglich durch Schöpfungsformeln mit Nahrung zu versehen, bis sich Deine Erfahrung ereignet hat. Manchmal sind diese niederträchtigen individuellen Gedanken widerspenstig und müssen langsam und allmählich verbrannt werden.

Schließlich hattest Du Gedanken des Mangels an Geld oder des Mangels an Liebe oder von schlechter Gesundheit oder was auch immer, über eine lange Zeit gehabt. Diese Gedanken müssen geändert werden. Jedes Mal, wenn Du die Schöpfungsformel sagst und Dich mit ihnen beschäftigst, kommst Du dem Zeitpunkt näher, die Erfahrung zu machen. Irgend etwas passiert jedesmal.

SECHZEHNTE WOCHE

Wiederholen

Laß uns jetzt die letzten sieben Wochen wiederholen. Obwohl Du an jedem Tag das Hauptaugenmerk auf den besonderen Aspekt von einer dieser Wochen richten wirst, kannst Du mit jeder beliebigen Technik, die Du bisher entwickelt hast, weitermachen. An jedem Tag kann Deine Versenkung in die Stille einem beliebigen Zweck dienen, zusätzlich zu einer Zeit passiven Empfangens von Deinem HÖHEREN SELBST. Du kannst außerdem damit fortfahren, Deine Schöpfungformel für Deine höchsten und weisesten Wünsche anzuwenden.

Erster Tag

Sobald wie möglich am Morgen und dann wieder am Abend sprich das folgende Gebet. Füge alles das hinzu, was Du in Deinem Herzen fühlst.

> *Lieber GOTT, Du mein Schöpfer, ich danke Dir dafür, daß Du mich nach Deinem Ebenbild geschaffen hast. Ich danke Dir dafür, daß Du mir den Gedanken zur Verfügung gestellt hast, der alles in Vollkommenheit erschaffen hat. Ich danke Dir für die immer-gegenwärtige Freude und Fülle und das allgegenwärtige Glück, das sich in Deinem Gedanken findet. Ich bin jetzt EINSgeworden mit Dir und in Einklang mit Deinem Gedanken.*

Sieh Dir die Liste Deiner Wünsche an, die Du in der neunten Woche aufgestellt hast. Beachte, daß einige dieser Wünsche auf dem Weg zur Erfüllung schon weit fortgeschritten sind. Bitte heute während Deiner Versenkung in die Stille Dein HÖHERES SELBST wieder darum, Dir Deine höchsten Wünsche zu nennen. Sind es immer noch die gleichen? Ändern sich Deine Wünsche, so wie Du Dich änderst? Benötigen irgendwelche von diesen Wünschen eine Schöpfungsformel?

Zweiter Tag

Dein Gebet für diesen Morgen und diesen Abend lautet:

> *Lieber GOTT, Du mein Schöpfer, Du und ich beanspruchen und akzeptieren jetzt Gedanken mit Vergebung und Dankbarkeit. Ich danke Dir, daß Du mich zu einem Schöpfer machst, einfach dadurch, daß ich denke. Und ich danke Dir, daß Du mir Deine Gedanken als meine eigenen anbietest, damit ich alle Deine Eigenschaften erfahren kann.*

Lese heute die Lektion für die zehnte Woche. Dann lese all die Schöpfungsformeln, die Du formuliert hast. Fühlst Du Dich wohl bei diesen Formeln? Kannst Du feststellen, daß einige Manifestationen durch Deine Formeln stattgefunden haben? Glaubst Du, daß Du jetzt aus dem Stehgreif eine Schöpfungsformel aufstellen könntest, wenn sich die Gelegenheit ergibt? Empfinde jetzt Dankbarkeit für die großartige, vollkommene und starke Seele, dic Du bist.

Dritter Tag

> *Lieber GOTT, Du mein Schöpfer, ich danke Dir für mein Herz, meine kosmische Verbindung zu Dir und zu der gesamten Schöpfung. Ich danke Dir für das Wissen der*

Schöpfung, Wissen, das mein ist. Ich ermächtige jetzt mein Herz, alles, was mein ist, zu empfangen, in Liebe und Frieden und Freude. Ich danke Dir, GOTT, daß Du niemals zuläßt, daß ich mich von meinem HÖHEREN SELBST trenne. Ich danke Dir, daß Du mich immer mit einem Bindeglied zu meinem ganzen SELBST und zu Dir versiehst.

Das ist Dein Gebet für diesen Morgen und Abend.

Verwende einige Zeit während Deiner stillen Versenkung heute darauf, Deine "ja" und "nein"-Zeichen zu festigen. Bitte um ein "nein"; dann um ein "ja"; usw.. Bitte um das eine oder um das andere, und überprüfe dann das, was Du empfängst, mit der Frage: *War das ein "ja"?* oder *War das ein "nein"?*

Rezitiere heute auch mindestens zweimal die Schöpfungsformel, mit der Du Dein Herz belebst und stärkst. Kannst Du jetzt den Unterschied zwischen dem feststellen, was Dein Kopf Dir sagt und was vom Herzen kommt? Entspanne Dich in Dein Herz hinein. Das bedarf fleißiger Übung, und der Lohn ist die gesamte Schöpfung.

Vierter Tag

Lieber GOTT, Du mein Schöpfer, ich danke Dir dafür, daß Du mich mit Liebe geschaffen hast. Ich danke Dir dafür, daß Du Deine ganze Schöpfung mit Liebe geschaffen hast. Und ich danke Dir für die Liebe, die mich mit allen, mit allem und mit Dir verbindet. Ich bin ein einmaliges Individuum, und ich strahle jetzt Liebe aus und lasse sie durch mich fließen.

Füge diesem Morgen- und Abendgebet Deine Liebe in Deinen eigenen Worten hinzu.

Lese die Schöpfungsformel, die Du über Liebe geschrieben hast. Denke darüber nach, welche Ausdrucksformen der Liebe sich in Deinem Leben verbessert haben. Schreibe sie auf, in dem Wissen, daß diese Liste jetzt nur noch wachsen und wachsen kann.

Verwende besondere Aufmerksamkeit darauf, wie der Ausdruck Deiner Liebe sich einer bestimmten Person gegenüber verbessert hat. Sei während des ganzen Tages froh und dankbar für die Liebe in Deinem Leben, während Du sie an alle und alles ausstrahlst, wer oder was gerade Deinen Weg kreuzt.

Fünfter Tag

Dein Morgen- und Abendgebet lautet folgendermaßen:

Lieber GOTT, Du mein Schöpfer, ich danke Dir dafür, daß Du mich nach Deinem Ebenbild geschaffen hast. Mein Vater, der Du allwissend bist, ich danke Dir dafür, daß Du mir dieselbe Intelligenz gegeben hast. Ich öffne mich jetzt für Deine Intelligenz durch mein Herz und lasse mich von ihr zu vollkommenen, richtigen Handlungen führen. Ich danke Dir, daß meine Handlungsweise mir jetzt Freude, Fülle und Erfolg gibt.

Hast Du bemerkt, daß sich jetzt Ereignisse für Dich ziemlich spontan einstellen? Denke heute besonders darüber nach. Mache Dir eine Liste von einigen Begebenheiten, an die Du Dich erinnerst. Du hast es vielleicht "Glück" genannt, oder "zur rechten Zeit am rechten Ort sein" oder "das Unerwartete, das Dich zu einer Lösung hinführte". Mehr und mehr wird das zu Deiner normalen Erfahrung werden, aber solange es immer noch etwas besonderes ist, macht es Spaß, darüber Buch zu führen.

Hast Du Deine "ja" und "nein"-Zeichen gebraucht, um Dich zu richtigen Handlungen führen zu lassen? Hast Du gesehen, wie Dir diese Signale eine Kette von Ereignissen erspart haben, die Du nicht vorhersehen konntest?

Wiederhole zu guter Letzt noch einmal das Vorgehen der dreizehnten Woche, um zu richtigen Handlungen geführt zu werden.

Sechster Tag

Ich danke Dir für meine Vollkommenheit, GOTT, Du mein Schöpfer. Ich danke Dir dafür, daß Du mir immer einen vollkommenen Körper gibst, der ein genaues Abbild von Dir ist. Und ich danke Dir dafür, daß Du mir niemals diese Vollkommenheit nimmst, unabhängig davon, was ich denke und infolge dessen auch erfahre. Ich bin jetzt eins mit Dir, als Dein Ebenbild geschaffen, und ich lehne jegliche andere Form für mich ab.

Solch ein Gebet am Morgen und am Abend stärkt Dein Gefühl des EINSseins.

Sieh Dir heute Deine Liste mit den Gedanken an, die korrigiert werden müssen - die Gedanken, die nicht in Einklang mit GOTTES Gedanken stehen. Kannst Du jetzt klarer sehen, wie einige dieser Gedanken mit Deiner Gesundheit verknüpft sind? Erkennst Du jetzt, daß nur Du allein für die Erfahrung guter und schlechter Gesundheit verantwortlich bist?

Lese heute Deine Schöpfungsformel für vollkommene Gesundheit. Kannst Du jetzt einige Veränderungen in Deiner Gesundheit erkennen, die auf Deine Formeln zurückgehen? Beginne jetzt mit einer Liste dieser Veränderungen und sage Dir selbst ein besonderes Dankeschön für die Veränderung Deiner Erfahrungen.

Siebenter Tag

Sende an diesem Morgen und Abend Dein eigenes spezielles Dankgebet an GOTT für das, was Du aus diesem Kurs an Nutzen gezogen hast. Es ist wirklich ein Gebet des Dankes für das, was Du bist, und dafür, daß Dir das langsam bewußt wird. Natürlicherweise kann das Deine verbesserten Ausdrucksmöglichkeiten für Liebe einschließen, verbesserte Gesundheit, verbesserte erfolgreiche Handlungen, größere Fülle, das Gefühl von Unabhängigkeit, die Erfahrung von Frieden, eine glücklichere Geisteshaltung oder die Sicherheit, zu erkennen, daß die Verrücktheit der Welt "*Die Illusion*" ist.

Widme heute einen besonderen Gedanken Deinen Schöpfungsformeln. Möchtest Du irgendeine hinzufügen? Einige weglassen? Einige zusammenfassen? Einige revidieren? Dieses ist eigentlich immer ein fortlaufender Prozeß. Der heutige Tag ist dazu da, die Erfahrung dieses Prozesses zu machen und dankbar zu sein für Deinen Fortschritt in nur sechzehn Wochen.

Teil III

Erweitere
Deine Möglichkeiten,
Führung zu empfangen

Siebzehnte Woche

Die Aura von geliebten Menschen Reinigen

Laß uns jetzt wiederholen, was Deine täglichen Gewohnheiten und Techniken sind. Du gehst mindestens einmal am Tag in die Stille, was solange dauern kann, wie es Dir angenehm ist. Das wird von Tag zu Tag variieren. Versichere Dich, daß Deine Versenkung in die Stille genau in der beschriebenen Weise beginnt: bequem mit geschlossenen Augen Sitzen, im Herzen Zentrieren, Eins-werden mit GOTT, Reinigen Deiner Aura von unwillkommenen Einflüssen, Verschließen Deiner Aura gegen alles, ausgenommen Dein HÖHERES SELBST, und Angeben des Zieles Deiner stillen Versenkung, und das Zeichen von Deinem HÖHEREN SELBST Empfangen und Behalten dieses Zeichens für die gesamte Periode.

Halte Dir vor Augen, daß Deine spirituellen Ziele nur von der allerhöchsten Art sein dürfen. Das bedeutet, daß die Versenkung in die Stille dazu genutzt werden soll, weiter in WAHRHEIT zu wachsen und Führung zur Ganzwerdung zu erhalten. Jede Deiner Aktivitäten, die Dich näher zum EINSsein bringt, kann Gegenstand Deiner stillen Versenkung sein. Wenn Du besondere Fragen hast, fragst Du als erstes immer, ob es in Deinem höchsten und weisesten Interesse liegt, die Frage zu stellen. Verfolge niemals eine Frage weiter, die nicht weise ist. Die Antworten würden nicht verläßlich sein.

Denke in allen Deinen Kommunikationen mit Deinem HÖHEREN SELBST daran, daß Du bei allem, was Du auf Erden tust, viele Möglichkeiten hast. Viele werden in gleichem Maße in Deinem höchsten und weisesten Interesse liegen. Wenn Du also eine Antwort erhältst, daß es weise sei, etwas bestimmtes zu tun, schließt das noch lange nicht andere Handlungsweisen aus. Es schließt weder andere, scheinbar entgegengesetzte Handlungsweisen aus, noch schließt es aus, daß es auch weise sein könnte, überhaupt nicht zu handeln. Du mußt mit Deinem HÖHEREN SELBST alle Alternativen überprüfen, und sei nicht überrascht, wenn Du am Ende mehrere Möglichkeiten hast, die alle weise sind.

Du hast einen freien Willen. Du mußt von ihm Gebrauch machen. Es wird Dir nicht erlaubt sein, diese Techniken anzuwenden, um alle Entscheidungen zu umgehen. Nein. Du wirst nur zu Handlungsweisen geführt, die Dich einen Schritt näher an das EINSsein heranführen. Das ist das einzige Ziel der Kommunikation.

Dieses Ziel schließt natürlich alle die Ziele Deines Lebens mit ein - Überfluß, Freude, Glück, Intelligenz, Erfolg, Seelenfrieden, Energie und alle anderen Eigenschaften GOTTES. Das ist das Ziel. Auf dem Wege zu diesem Ziel gibt es für Dich viele Dinge zu lernen. Deine Gedanken müssen korrigiert werden, und oftmals bedeutet das, daß Du etwas erleben mußt, was Dein Denken wachrüttelt.

Diese Erfahrungen des Wachgerütteltwerdens sind kostbar. Sie liegen auch in Deinem höchsten und weisesten Interesse. Die Erfahrung kann jedoch kurzfristig unangenehm sein, und Du möchtest dann vielleicht diesen Kurs und Dein HÖHERES SELBST für solche "schlechte Führung" verdammen. In solchen Augenblicken wende Dich statt dessen an Dein HÖHERES SELBST. Finde den Grund für die Erfahrung heraus. Lerne die beabsichtigte Lektion. Korrigiere die Gedanken, die falsch liegen.

Wenn Deine Lektion gut gelernt ist, muß sie niemals wiederholt werden. Bis die Korrektur in Deinem Denken erfolgt ist, kannst Du versichert sein, daß die Lektionen in verschiedenen Formen wiederkommen werden. Lerne deshalb die Lektion und sei dankbar für die Führung, egal was Deine anfängliche Erfahrung sein mag.

Während Deiner Versenkung in die Stille kannst Du den Stier bei den Hörnern packen und nach den Gedanken fragen, die Du korrigieren mußt. Du hast damit ja schon begonnen. Mache ganz einfach weiter und stelle Schöpfungsformeln auf, um die Gedanken zu korrigieren.

Schöpfungsformeln sind jetzt ebenso tägliche Routine, wenn nicht sogar Gewohnheit geworden. Deine unerfüllten Wünsche (das heißt wahre Wünsche, die von Deinem HÖHEREN SELBST bestätigt wurden) sind Anhaltspunkte für Gedanken, die korrigiert werden müssen. Indem Du die Schöpfungsformel für Deine wahren Wünsche rezitierst, kannst Du schnell Veränderungen in Deiner Erfahrung bewirken.

Erinnere Dich einfach daran, daß Du die Formel anwendest und dann handelst. Handle. Das ist wichtig. Du kannst nicht einfach nur die Formel sagen und im Bett bleiben. Du mußt handeln. Nur durch Dein Handeln kann die Manifestation stattfinden.

Wenn Du einen wahren Wunsch nach einem perfekten Arbeitsverhältnis mit einer Bezahlung von $20.000 oder mehr hast, sprich die Formel und mache Dich dann auf Stellensuche. Schau in der Zeitung nach. Verschicke Deine Bewerbung. Frage Leute nach Hinweisen. Gehe zu Stellenvermittlungs-Agenturen. Handle, handle und handle. Alle Kräfte der Natur stehen hinter Deinen Handlungen, und der richtige Job wird ganz gewiß kommen. Aber Du mußt Dich zur rechten Zeit an den rechten Platz begeben.

Es ist leicht, mit Deinen neuen Techniken selbstzufrieden zu werden. Laß das nicht geschehen. Diese Techniken sollen dynamisches Handeln bringen, aber keine Trägheit.

Deine täglichen Schöpfungsformeln können für alles angewandt werden, was Du möchtest. Die einzige Voraussetzung ist, daß Du mit Deinem HÖHEREN SELBST überprüfst, ob der Wunsch wahr ist - d.h., ob er in Deinem weisesten und höchsten Interesse liegt.

Stelle auch sicher, daß Du die Gegenwartsform für die gesamte Schöpfungsformel benutzt. Dann sage sie mit Liebe im Herzen, in dem vollen Wissen, daß sich die Räder, die Dir diese Erfahrung bringen werden, schon zu drehen begonnen haben.

Zusätzlich zu Deinen täglichen Versenkungen in die Stille und den Schöpfungsformeln solltest Du weiterhin gewissenhaft Deine Aura gegen alles verschließen, ausgenommen Dein HÖHERES SELBST. Tue dies immer, wenn Du an einen überfüllten Platz kommst oder an eine Stelle, wo Negativität herrscht. Immer, wenn Du irgendeinen Grund hast, anzunehmen, daß Du unter einem unwillkommenen Einfluß stehst, reinige Deine Aura sofort. Diese beiden Übungen sind sehr wichtig für Dein Wohlbefinden und Dein maximales Wachstum.

In dieser Woche erweiterst Du Deine Rolle bei der Auflösung von unwillkommenen Einflüssen. Jedesmal, wenn Du irgendein Zeichen von Negativität siehst, wie z.B. einen Kampf, einen Unfall oder Spannung, dann kannst Du die Aura der Beteiligten von allen unwillkommenen Einflüssen reinigen. Du kannst sicher sein, daß einige anwesend sind. Sie haben vielleicht die Negativität überhaupt erst verursacht. Auf jeden Fall lieben sie diese Art der Atmosphäre, und sie schließen sich sofort an. Die unwillkommenen Einflüsse verschärfen die Gefühle von denjenigen, die in die Negativität verwickelt sind; also sprich die Worte, um die Umgebung von diesen Einflüssen zu reinigen.

Manchmal kannst Du Dein Zeichen für unwillkommene Einflüsse ziemlich plötzlich empfangen. Dieser Einfluß mag jemanden in Deiner Umgebung betreffen, also zögere nicht und löse ihn auf, ohne Dich viel darum zu kümmern, wo er ist.

Du möchtest sicher nicht Dein ganzes Leben damit zubringen, unwillkommene Einflüsse aufzulösen. Du hast Deine eigenen Aktivitäten, um die Du Dich im wesentlichen kümmern mußt. In dieser Woche jedoch suche Dir während der Versenkung in die Stille einige Leute aus, die Dir besonders nahe stehen - den Ehepartner, ein Kind, einen Elternteil oder einen sehr guten Freund. Frage Dein HÖHERES SELBST, ob es weise für Dich ist, alle unwillkommenen Einflüsse für jede Person zu klären. Falls ja, dann frage: *Ist die Aura von* _(Name)_ *frei von unwillkommenen Einflüssen?* Falls "nein", löse sie auf. Dann wiederhole die Frage und löse die Einflüsse auf, bis Du eine "ja"-Antwort bekommst, daß die Aura rein ist. Falls die Person in Deiner Nähe ist, wirst Du eine sofortige Veränderung wahrnehmen. Diese Veränderung wird jedoch möglicherweise nicht anhalten. Ein anderer unwillkommener Einfluß kann vielleicht kurz danach kommen, aber das soll Deine Sorge nicht sein.

Inzwischen hast Du auch die etablierte Übung, Liebe aus Deinem Herzen an alle und an alles zu senden, sobald Du daran denkst. Und vergiß nicht Deine kostbaren Übungen zur Schlafenszeit, Liebe und Vergebung zu senden, oder einszuwerden mit GOTTES Eigenschaften.

ACHTZEHNTE WOCHE

Die SELBST-Annahme von anderen Fördern

Jeder ist Dein Helfer dabei, Deine Ganzheit zu verwirklichen. Dieser Kurs hat Deine eigene Verantwortlichkeit für Dich selbst betont - für Dein SELBST. Das ist zutreffend. Du mußt Dein eigenes Schicksal annehmen. Du hast einen freien Willen. Du mußt frei wollen, ein Leben mit vollem Potential zu leben.

Das trifft für jeden einzelnen zu. Da gibt es jedoch eine Verbindung zwischen uns allen. Solange noch ein einziger von uns in der Trennung verharrt, gibt es ein Ungleichgewicht für alle. Wenn ein Bein eines Tisches abgetrennt oder einfach nur kürzer ist, kippt es den ganzen Tisch um, egal wie vollkommen die anderen Beine sind.

Aus dem gleichen Grunde beeinflussen die Geisteshaltung, die Wahrnehmung der Wirklichkeit und das Bewußtsein eines jeden einzelnen auch Dich. Das ist Gruppenbewußtsein. Jeder ist in dieses Gruppenbewußtsein eingebunden. Es formt Deine eigenen Geisteshaltungen, Deine eigenen Werte und Deine eigenen Wünsche. Auf diese Weise ist jeder einzelne ein Helfer dabei, Deine Ganzheit zu verwirklichen.

Was andere Leute denken - insgesamt oder individuell - ist Teil von Dir. Du bist gezwungen, Dich damit auseinanderzusetzen. Tatsächlich sind diese anderen größtenteils für die Gedanken verantwortlich, die Du jetzt in Deinen Schöpfungsformeln korrigieren mußt. Je stärker die Fehler in diesem Gruppenbewußtsein sind, um so größer ist der Einfluß auf Dich und um so schwerer ist die Korrektur. Ebenso hast Du einen definitiven Anteil an dem, was jedem anderen widerfährt.

In der gleichen Weise wirst Du beeinflußt, wenn eine große Zahl von Leuten ihr Denken korrigieren, indem sie es in Übereinstimmung mit GOTTES Gedanken bringen. Dein eigenes Vorgehen wird leichter.

Die Gesetzmäßigkeiten der WAHRHEIT haben eine interessante Eigenschaft. Selbst ein kleines bißchen Ordnung hat einen großen Effekt. Es bedarf nur einiger weniger, perfekt ausgerichteter Licht-Wellen, um ein ganzes System von Licht-Wellen in vollkommenen Gleichklang zu bringen. Das Resultat ist Laserlicht. Das gleiche wird bei Magneten beobachtet. Man braucht nur wenige gerichtete Wellen, um ein ganzes magnetisches System auszurichten.

Es ist das gleiche beim Gruppenbewußtsein. Einige wenige Menschen mit ausgerichtetem Bewußtsein haben einen starken Einfluß auf ganze Bevölkerungen. Ein kleiner Teil einer Gemeinschaft kann die gesamte Gemeinschaft verändern. Es ist nicht überraschend, daß diese Art von Veränderung sich im wesentlichen unbemerkt vollzieht. Es "passiert einfach".

In den letzten Jahren findet diese Art von Wandel statt. Es gibt Hunderte von Gruppen und zahllose Individuen, die es sich zu ihrem primären Ziel gemacht haben, Ganzheit zu erleben - EINS-zusein mit ihrem HÖHEREN SELBST und mit der gesamten Schöpfung. Dieser Kurs ist ein solches Beispiel.

In diesem Jahrhundert ist man Zeuge geworden für ein wiedererwachtes Interesse unter der Menschheit an spirituellen Werten, physischer Gesundheit und an der Umwelt. Man hat in globalem Rahmen eine Umkehrung vieler destruktiver Praktiken gesehen. Diese Umkehrung passiert einfach wegen einiger weniger Gruppen und Leute, die ihre Gedanken in Einklang mit GOTTES Gedanken gebracht haben. Diese wenigen verändern die Welt. Sie sind buchstäblich Deine Helfer für Deine Ganzheit.

Dieser kleine Kreis von Leuten, der sich jetzt auf der Erde zusammengefunden hat, ist es, der Dein Bewußtsein erweitert. Noch vor nicht allzuvielen Jahren wärst Du wahrscheinlich gar nicht an diesem Kurs interessiert gewesen. Du wärst sicherlich nicht so weit wie jetzt eingestiegen, wäre es nicht wegen des sich ändernden Gruppenbewußtseins gewesen. Jetzt ist ein Teil Deines Bewußtseins das Verlangen nach Rückkehr zur Ganzheit.

Also dient Dir tatsächlich jeder einzelne als Helfer dabei, Deine Ganzheit zu verwirklichen. Alle gehören in dieser Beziehung zusammen. Wenn Du auch für Dich selbst verantwortlich bist, so schließt das doch einige Mitverantwortung für andere ein. Du kannst nicht die totale Ganzheit erfahren, bis nicht jeder andere sie mit Dir erlebt. Alle Beine am Tisch müssen EINSgeworden sein.

Letzte Woche hast Du etwas von der Freude, anderen zu helfen, erlebt. Du hast die Aura einiger Menschen, die Dir sehr nahestehen, von unwillkommenen Einflüssen gereinigt. Du hast unmittelbar die Freude, diese einfache Handlung auszuführen, verspürt. Du lebtest stellvertretend in ihrer neuen Freiheit, selbst wenn es nur für eine kurze Zeit war.

Diese Woche entwickelst Du Dich darin weiter, anderen zu helfen. Du machst das nicht, indem Du ihnen Predigten hältst; Du sprichst noch nicht einmal mit ihnen. Du bist nicht daran interessiert, Konvertiten zu gewinnen. Du wirst nicht versuchen, irgend jemanden zu überzeugen.

Du wirst einfach nur Deine eigenen Schöpfungskräfte benutzen, um ihnen zu helfen, ihr Bewußtsein zu verändern. Halte Dir vor Augen, daß wir alle verbunden sind. Was Du denkst und glaubst, das beeinflußt diejenigen in Deiner Umgebung - tatsächlich sogar jeden einzelnen auf dieser Erde. Wenn Deine Gedanken eins sind mit GOTTES Schöpfungsgedanken, dann ist Dein Einfluß vieltausendmal kraftvoller, als wenn Du einen Gedanken denkst, denn *Du* Dir ausgedacht hast.

Diese Woche wendest Du eine Schöpfungsformel für einen oder zwei der Menschen an, die Dir am nächsten stehen. Du kannst auch Deine anderen Schöpfungsformeln anwenden, wenn Du Zeit dazu hast, aber *dieses* Vorhaben hat Vorrang in dieser Woche. In der Formel beanspruchst Du einfach, daß die Personen SELBST-Annahme haben.

Du beanspruchst und akzeptierst SELBST-Annahme für die betreffenden Personen. Es ist wichtig, das zu verstehen. Du beanspruchst ihre SELBST-Annahme: das bedeutet, daß Du diese SELBST-Annahme wahrnimmst. Du glaubst, daß sie SELBST-Annahme haben; Du *weißt*, daß sie sie haben. Es sind Deine Gedanken, mit denen Du Dich befaßt. Denke deshalb in dem "Gedanken"-Abschnitt der Formel über diejenigen Deiner Gedanken nach, die Deinen Glauben an ihre Selbst-Annahme beeinträchtigen. Ebenso ist es Dein Bekenntnis zur Vergebung, mit dem Du Dich in dem "Vergebungs"-Abschnitt befaßt.

Wenn Du ihrer SELBST-Annahme in Deinem Geist erst einmal einen festen Platz verschafft hast, manifestierst Du sie als Deine eigene Erfahrung. Natürlich ernten auch sie den Lohn. Sie erreichen SELBST-Annahme. Man kann nie sagen, wie viele Menschen zum Teil für Deinen Bewußtseinsstand verantwortlich sind. Jeder ist jedes anderen Helfer dabei, Ganzheit zu verwirklichen.

Du schränkst den freien Willen einer anderen Person nicht ein, wenn Du diese Schöpfungsformel anwendest. In Wirklichkeit unterstützt Du sogar deren freien Willen. Niemand hat einen freien Willen, wenn er oder sie nicht EINSgeworden ist. Eingebildete Befürchtungen, Sorgen, Entfremdung, Einsamkeit, Armut, Bekümmertheit - das sind die wahren Feinde des freien Willens. Sobald man EINSgeworden ist und SELBST-Annahme erfährt, hat man freien Willen.

Aber dies ist die einzige Schöpfungsformel, die Du für jemanden anderen ohne dessen oder deren Zustimmung anwenden kannst. Wenn eine Person die Wahl trifft, krank oder arm oder unglücklich oder was auch immer zu sein, dann kannst Du Dich nicht einmischen. GOTT SELBST wird sich nicht in die Schöpfung SEINER Lieben einmischen, auch wenn sie voller Fehler und Illusion ist. Der freie Wille ist durch ein absolutes Gesetz geschützt.

Mit der Zustimmung einer anderen Person darfst Du jedoch eine Schöpfungsformel für bestimmte Probleme, die derjenige oder diejenige erlebt, anwenden. Sprich einfach die Schöpfungsformel und sei Dir darüber klar, daß es Dein Gedanke, Deine Wahrnehmung ist, mit der wir uns befassen. Du beanspruchst die Lösung. Du akzeptierst sie, weil Du daran glaubst und weißt, daß die Lösung schon Wirklichkeit ist. Natürlich befindet sie sich in einem bestimmten Schöpfungsstadium. Dein Gedanke und Deine Vergebung sind es, mit denen Du Dich befaßt. Dann wird ihre Lösung Deine Erfahrung. Was für ein großartiges Geschenk! Aber halte Dir vor Augen: Du tust dies nur mit ihrer Zustimmung. Wir mischen uns nicht in die Schöpfung oder den freien Willen einer anderen Person ein.

NEUNZEHNTE WOCHE

Für WAHRHEIT Träumen

Du bist so viel mehr, als Dir wirklich klar ist, obwohl Du jetzt dabei bist, innerhalb kurzer Zeit Deine Ganzheit zu erfassen. In dieser Woche erforscht Du einen weiteren spannenden Aspekt: Deine Träume.

Jeder ist von Träumen fasziniert. Wissenschaftler erforschen die Physiologie des Träumens. Sie haben rasche Augenbewegungen (REM), einen absolut regungslosen Körper und aktive Wellenmuster bei den Hirnströmen beobachtet. Für Analysen, die tief in das Unterbewußtsein eindringen, bedienen sich Psychologen der Träume. Einige Mystiker sehen in Träumen eine Kommunikation aus der geistigen Welt. Doch bei all den Untersuchungen, Studien und Diskussionen bleiben Träume doch weitgehend ein Geheimnis.

Sie sind offensichtlich ein sehr wichtiger Teil Deines Lebens. Jeder hat Träume. Nichts in dieser Welt existiert ohne Grund, deshalb müssen Träume auch ihren Grund haben.

Natürlich haben sie einen Grund. Du könntest vielleicht sagen, daß sie ein anderer Bewußtseinszustand sind. Dein Wachzustand ist ein Bewußtseinszustand, und Träume sind ein anderer Zustand. Während Du träumst, lebst Du diesen Traum. Seine Freuden und Ängste scheinen Dir Wirklichkeit zu sein. Seine Empfindungen reagieren sich in Deinem Geist ab.

Seit Jahren hat die Menschheit die Bedeutung des unermeßlichen Unterbewußtseins anerkannt - dieser riesige Speicher für die gesamte Eingabe Deiner Gedanken und Erfahrungen. Es ist Dein persönlicher Computer. Es ist der Teil Deines Geistes, den Du programmierst; deshalb kannst Du häufig auf 'Autopilot' schalten. Dieses unermeßliche Unterbewußtsein speichert die

Gedanken, Ideen und Überzeugungen, die Du ihm eingibst, und es ist dieser Teil des Geistes, den Du benutzt, um Deine Erfahrungen manifest werden zu lassen.

Das ist der Grund, warum Du ernsthafte Zweifel daran haben kannst, daß Deine Gedanken Deine Erfahrungen manifestieren. "Ich bin arm, aber ich möchte nicht arm sein. Ich denke *'reich',*" sagst Du. Schön. Aber solange Dein persönlicher Computer sagt, daß Du arm bist, ist dieser unbewußte Gedanke das, was Du manifest werden läßt.

Du hast unbewußte Gedanken über alles, was Du erlebst. Natürlich hast Du auch einige bewußte Gedanken. Die Rolle, die Deine bewußten Gedanken spielen, wird um so größer, je mehr Du Dich Deiner Ganzheit näherst. Bei Ganzheit angekommen - wenn Du in vollem Ausmaß mit Deinem HÖHEREN SELBST integriert bist und Deine Gedanken eins geworden sind mit GOTTES Gedanken - hast Du alles, was Du bewußt denkst. Das Unterbewußtsein ist Dein stets ergebener Diener bei allen Gedanken, für die Du Dich entscheidest.

Bis Du diesen Punkt an Ganzheit erreichst, kommen viele Deiner Erfahrungen daher, daß Du auf 'Autopilot' geschaltet hast. Du erlebst, was Du programmiert hast.

Wie kannst Du das Programm des Unterbewußtseins ändern? Die Techniken dieses Kurses werden das ganz sicher tun. Du bekommst von Deinem HÖHEREN SELBST die Gedanken mitgeteilt, die korrigiert werden müssen. Du verifizierst mit Deinem HÖHEREN SELBST Deine wahren Wünsche und lernst, welche Deiner Gedanken Dir im Wege stehen. Durch die Schöpfungsformel änderst Du das Programm und machst die Erfahrung Deiner Wünsche. Auf diese Weise wird Dein "persönlicher Computer", Dein Unterbewußtsein, umprogrammiert.

Wir wissen, daß Dein HÖHERES SELBST niemals wirklich von Dir getrennt gewesen ist. Du hast bewußt versucht, das zu leugnen. Du hast versucht, die Verbindung mit ihm abzuschneiden.

Du hast Dich geweigert, Notiz von der Stimme zu nehmen, die Du jetzt hörst und liebst, aber Du konntest Dein HÖHERES SELBST nicht davon abhalten, alles nur mögliche zu tun, um Deine Ganzheit und Deine geistige Gesundheit wiederherzustellen. Die unrichtigen Programme Deines Unterbewußtseins mußten korrigiert werden.

Da Du seine Eingebungen abgelehnt hast, während Du im Wachzustand warst, wurden die Suggestionen zur Umprogrammierung gegeben, während Du schliefst - durch Träume. Träume sind Dein HÖHERES SELBST, wie es sanft, mit Liebe, zu Deinem Unterbewußtsein spricht. Träume machen das irrige Wesen Deines Denkens deutlich und legen auf sanfte Art und Weise Korrekturen nahe. In dieser Weise können sich Deine Gedanken verändern und Deine Erfahrungen können sich verbessern. Natürlich kann es vorkommen, daß Dir das Erlebnis eines Alptraumes seine Sanftheit, seine Liebe oder seinen göttlichen Zweck überschattet.

Die Sprache zwischen Deinem HÖHEREN SELBST und Deinem Unterbewußtsein ist verschieden von der Sprache Deines Wachzustandes. Träume benutzen eine Symbolsprache. Das ist von Psychologen schon lange erkannt worden, und einige haben sogar versucht, eine Liste von universellen Symbolen aufzustellen. Unglücklicherweise haben solche Listen nur dazu gedient, die Idee von Traumsymbolen in Mißkredit zu bringen. Sie sind nicht universell. Während es nicht ungewöhnlich ist, daß viele Menschen Erfahrungen mit den gleichen oder ähnlichen Symbolen machen (wir sind schließlich alle miteinander verbunden), so sind doch die meisten Symbole für den einzelnen individuell und eigentümlich. Es ist die einzigartige Sprache, die gemeinsam von dem HÖHEREN SELBST und dem Unterbewußtsein verstanden wird.

Wenn Deine Träume verstanden werden könnten, würden sie Dir ein klares Bild einiger Gedanken von Dir liefern, die Du korrigieren mußt, um in Einklang mit GOTTES Gedanken zu stehen. Aber wie können sie verstanden werden? Es ist leicht. Du bittest einfach nur Dein HÖHERES SELBST, Dir in der Sprache Deines Wachbewußtseins zu sagen, was sie bedeuten.

Wende heute eine Schöpfungsformel an, um Dich an Deine Träume von heute nacht zu erinnern. Es ist nicht nötig, diese Formel aufzuschreiben. Gehe einfach jeden Abschnitt durch und laß Dir, wenn nötig, Hilfe und Führung von Deinem HÖHEREN SELBST geben.

Wenn Du heute nacht zu Bett gehst, lege Papier und Bleistift in Reichweite. Schreibe dann, sobald Du aufwachst, alles auf, was Du noch vom Traum in Erinnerung hast, selbst wenn es belanglos erscheint: Umgebung, Gebäude, Leute, Zeit, den betreffenden Handlungsablauf, Gefühle, die Du erlebt hast, alles Ungewöhnliche, was gesagt wurde, Farben, usw.. Schreibe soviel, wie Du noch in Erinnerung hast, und schreibe es schnell. Du hast nur ein paar Minuten, bevor bei den meisten Träumen die Erinnerung verblaßt. Selbst wenn Du sicher bist, daß Du Dich an den Traum erinnern wirst, schreibe ihn auf. Du wirst diesen Traum wahrscheinlich schneller vergessen, als Du denkst.

Benutze Deine Versenkung in die Stille, um die Bedeutung des Traumes zu erfahren. Bitte einfach Dein HÖHERES SELBST, Dir die Deutung des Traumes zu geben. Hege keine vorgefaßten Erwartungen. Du wirst überrascht sein, wie verschieden seine Bedeutung im Vergleich zu dem ist, was Du vermutet hättest. Vergewissere Dich, daß alle Aspekte des Traumes gedeutet werden. Was bedeutete jede einzelne Person im Traum? Was bedeutete jedes einzelne Gebäude? Hatte die Zeit eine bestimmte Bedeutung? Was bedeutete diese Handlungsweise? usw.. Wenn Du glaubst, daß Du die vollständige Deutung hast, dann frage: *Ist das alles?* Fahre mit der Deutung fort, bis Du ein "ja"-Zeichen bekommst. Gehe dann noch einen Schritt weiter. Finde heraus, welche Schöpfungsformel die Umprogrammierung, die in dem Traum notwendig erschien, beschleunigen würde. Das ist wichtig; es ist Deine Chance, die bewußte Kontrolle über den Prozeß zu übernehmen.

Wenn Deine Versenkung in die Stille abgeschlossen ist, schreibe die Traumdeutung auf, und schreibe auf einem getrennten Blatt alle verwendeten Symbole auf, und was sie bedeuten. Du könntest vielleicht herausfinden, daß dasselbe Symbol verschiedene Bedeutungen in verschiedenen Träumen hat. Beende dann das tägliche Projekt, indem Du die Schöpfungsformel sprichst, die durch die Traumanalyse ans Licht gebracht wurde. Noch einmal: es ist nicht nötig, diese Formeln aufzuschreiben. Inzwischen sind sie ziemlich selbstverständlich für Dich.

Mache bei Deinen Aktivitäten in dieser Woche einen bewußten Versuch, Dein Leben nach den neuen Programmierungen zu leben, die mit Hilfe der Träume, ihrer Deutung und der Schöpfungsformeln entstanden sind. Rechne mit neuen und wundervollen Erfahrungen.

ZWANZIGSTE WOCHE

Die Kommunikation mit allem Leben Erweitern

In dieser Woche fährst Du damit fort, Deine Verbindung mit allen und allem zu erforschen.

Liebe ist die Grundlage für alles. In Begriffen der modernen Physik ist Liebe das *EINheitliche* Feld. Jedes Atom, jedes subatomare Teilchen und jedes Energiefeld besteht letztendlich aus Liebe. Aus diesem Grunde ist alles das gleiche.

Wir sehen verschiedene Ausdrucksformen dieses *all*einigen Bestandteils. Felsen, Bäume, Eichhörnchen, Farne, Flüsse, Wolken, Hunde und Automobile scheinen sehr verschieden zu sein, und doch sind sie alle im Grunde das gleiche. Ein Tontopf und die Tonfigur eines Löwen haben anscheinend nichts gemeinsam, aber wir wissen, daß alle beide Ausdrucksformen desselben Tons sind.

Es ist genauso mit der gesamten Schöpfung. Alles ist eine einfache und einzigartige Ausdrucksform der Liebe. Das bedeutet, daß alles die Eigenschaften der Liebe hat. *Alles* ist eingeschlossen - nicht nur die Menschheit. GOTT hat nichts erschaffen, außer aus Liebe.

Diese eine grundlegende WAHRHEIT trägt zwei fundamentale Merkmale für alles in sich. Erstens hat alles alle Eigenschaften GOTTES. Zweitens ist alles bewußt mit allem anderen verbunden.

Du bist jetzt ziemlich vertraut mit Deinen GOTT-gegebenen und GOTT-gleichen Eigenschaften. Du erkennst sogar problemlos dieselben Eigenschaften in anderen Menschen. Das war ein großer Schritt für Dich - die vollkommene, liebende Göttlichkeit in den Leuten zu sehen, von denen Du dachtest, sie hätten Dich irgendwie verletzt. Trotzdem tatest Du diesen Schritt, und Dein Wahrnehmungsvermögen hat einen größeren Wandel erfahren. Heute erkennst Du dieselben Eigenschaften in allem, was Dich umgibt. Die Pflanze, die Du jede Woche gießt, ist genau wie Du. Sie ist Licht. Sie ist WAHRHEIT. Sie ist Liebe. Sie ist Zufriedenheit, Freude und Glückseligkeit. Sie ist all-wissende Intelligenz. Sie ist sogar all-gegenwärtig. Sie ist vollkommen. Sie ist Frieden und Güte. Sie ist Fülle. Und sie urteilt nie. Das sind einige ihrer angeborenen Eigenschaften, die gleichen Eigenschaften, die die gesamte Schöpfung ausmachen.

Natürlich wird das Wahrnehmungsvermögen der Pflanze für ihre eigene Göttlichkeit nicht so umfassend sein wie Deines. Jedoch tut der Mangel in ihrem Wahrnehmungsvermögen - genau wie bei Dir - ihrer wahrhaftigen Existenz keinen Abbruch.

Bewußtsein ist manchmal ein schwierig zu verstehendes Konzept. Du neigst dazu, es Dir nur von Deinem eigenen Standpunkt aus vorzustellen. Du siehst. Du fühlst. Du hörst. Du riechst und tastest. Wenn Du nicht hören kannst, scheint Dein Bewußtsein aus den anderen vier Sinne zu bestehen. Diese Sichtweise vom Bewußtseins ist bei weitem zu limitierend. Bewußtsein ist wirklich das Be-*wußt*-sein, das von dem Ursprung Deiner Schöpfung stammt. Es ist das Bewußtsein von allem innerhalb GOTTES Schöpfungsgedankens.

Jeder und alles ist erschaffen als Liebe und mit Liebe. Das Wesen der Liebe ist es, sich selbst zu kennen. Liebe, die sich selbst kennt, ist Bewußtsein in seiner reinsten Form. Bewußtsein heißt wirklich einfach nur, Dir Deines wahren Wesens bewußt zu sein oder Dir der Liebe bewußt zu sein.

Das ist nun schon ziemlich viel an Bewußtsein. Voll und ganz bewußt zu sein, heißt, sich voll und ganz der Liebe und ihres Wesens bewußt zu sein. Das heißt nicht weniger, als sich aller Eigenschaften GOTTES und auch der gesamten Schöpfung bewußt zu sein.

Ein eingeschränkteres Bewußtsein liegt vor, wenn etwas sich nur seiner selbst bewußt ist. Auch dieses einfache Bewußtsein bedeutet, daß es sich seines wahren Wesens aus Liebe bewußt ist und Kontakt mit allem anderen in der Schöpfung hat. Das heißt, daß alles andere in der Schöpfung auch seinen Einfluß auf dieses Bewußtsein hat. Das bedeutet außerdem, daß alles in der Schöpfung die Fähigkeit hat, mit allem anderen in Verbindung zu treten, einfach deswegen, weil es sich seiner selbst bewußt sein kann.

Deine Fähigkeiten, mit allem in Verbindung zu treten, sind sehr entwickelt. Du hast es Dein ganzes Leben getan, mit der Einschränkung, daß Du vielleicht kein Zutrauen in diese Fähigkeiten hattest. In dieser Woche schärfst Du dieses Bewußtsein.

Gehe heute so bald wie möglich in eine natürliche Umgebung - in einen Park, aufs Land, selbst in Deinen eigenen Garten oder auf Deine Veranda. Suche Dir eine Pflanze aus. Sie muß nicht "schön" oder "gesund" sein - nur lebendig. Sitze still neben ihr und richte Dein Bewußtsein auf Dein Herz. Laß die Liebe aus Deinem Herzen pulsierend ausströmen und die Pflanze einhüllen.

Werde jetzt in der üblichen Weise eins mit GOTT: rezitiere einige von GOTTES Eigenschaften und nimm sie für Dich in Anspruch. Werde im Zustand dieser Einheit eins mit der Pflanze. Du tust das, indem Du einfach noch einmal jene Eigenschaften von GOTT rezitierst und erkennst, daß sie sowohl Deine als auch die der Pflanze sind.

In diesem Zustand der Einheit bist Du in Einklang und bereit zu bewußter Kommunikation mit der Pflanze. Zuerst sprichst Du mit sanfter Stimme: *Wir sind beide von GOTTES Liebe geschaffen. Wir sind beide göttlich. Ich sende Dir jetzt diese Liebe, und ich empfange jetzt Deine Liebe.* Genieße still das Gefühl der Liebe, während Du sie ausstrahlst und sie empfängst.

Sage nach einigen Minuten: *Bitte, meine Liebe, erzähle mir, was ich tun kann, damit Du Dich wohler fühlst!* Dann lehne Dich zurück und lausche, genauso wie Du es immer tust, wenn Du in die Stille gehst. Da dies eine Versenkung in die Stille ist, vergewissere Dich, daß Du die gleichen Schutzvorkehrungen getroffen hast: verschließe Deine Aura gegen alle Einflüsse, mit Ausnahme Deines HÖHEREN SELBST, und empfange das Zeichen von Deinem HÖHEREN SELBST.

Du empfängst in Deinen Gedanken Mitteilungen von der Pflanze durch Dein HÖHERES SELBST. Sie kann Dir irgend etwas erzählen - ihr Leben im allgemeinen, ihr Elend, ihr Schicksal, ihre Beziehung zu anderen Lebensformen oder was auch immer. Aber worauf Du im besonderen hören solltest, sind ihre Äußerungen darüber, was Du tun kannst, damit sie sich wohler fühlt.

Sprich aus, was Du empfängst, und frage Dein HÖHERES SELBST regelmäßig, ob das, was Du sagst, eine genaue Mitteilung von der Pflanze ist. Benutze Deine "ja"- und "nein"-Zeichen.

Wenn Du diese Übung beendet hast, mache es der Pflanze angenehmer. Tue alles, was Du tun kannst, wie ihr beispielsweise mehr Wasser zu geben, sie mehr ins Sonnenlicht zu stellen, ihr Pflanzennahrung zu geben, sie zurückzuschneiden oder mit einem Insektizid zu besprühen.

Sprich eine geeignete Schöpfungsformel für die Pflanze, ausgehend von dem, was sie Dir mitgeteilt hat. Halte Dir noch einmal vor Augen, daß dies *Deine* Formel ist. Du manifestierst in der Gegenwartsform. Dies ist *Deine* Erfahrung, die Du veranlaßt, obwohl die Pflanze ein glücklicher Nutznießer Deiner Schöpfung ist.

Mache diese Übung an jedem Tag in dieser Woche. Stärke dadurch Dein Verständnis dafür, wie alles aus Liebe geschaffen wurde, wie Liebe sich ihrer selbst bewußt ist, wie alles dieses Liebes-Bewußtsein hat, wie sich alles der gesamten Liebe und der gesamten Schöpfung bewußt ist und wie das Deine Verbindung mit allem möglich macht.

Diese Grundübung muß nach dieser Woche nicht auf Pflanzen beschränkt bleiben. Alles ist Gegenstand Deines Lauschens und Deiner Kommunikation auf der Gedankenebene. Das schließt Katzen, Hunde, ungezähmte Vögel, Hirsche, Ameisen, Nachtfalter, Fliegen und sogar unbelebte Objekte ein. Alles ist Liebe, und deshalb ist alles Bewußtsein. Öffne Dich jetzt für diese wundervolle Welt von GOTTES Schöpfung. Erweitere Deine Freundschaften.

EINUNDZWANZIGSTE WOCHE

Ein MEISTER der Schöpfung Werden

Du hast einen freien Willen. Das kann nicht überbetont werden. Es überträgt die Verantwortung für Dein Leben und das, was Du erlebst, unmittelbar auf Dich. Niemand kann Dir das abnehmen. Keiner kann sich Deines freien Willens bemächtigen, es sei denn, Du gibst ihm willentlich die Ermächtigung dazu. Selbst das ist eine Ausübung des freien Willens, und Du kannst jederzeit Deine Ermächtigung zurückfordern.

Alles, was das Konzept des freien Willens ausmacht, ist, daß Du die Freiheit hast, zu denken, was auch immer Du möchtest, und daß Du die entsprechende Erfahrung manifestieren wirst. (*Anm. d. Übersetzers:* An dieser Stelle benutzt Babaji ein Wortspiel, das sich nicht direkt ins Deutsche übertragen läßt: *Free* to think. *Will* manifest. *Free will.*)

Inzwischen weißt Du, daß Du die Wahl zwischen zwei Arten von Gedanken hast, die Du denken kannst. Diejenigen, die *Du* kreierst, sind die eine Wahlmöglichkeit. Diejenigen, die ein Teil von GOTTES erhabenem Gedanken, der das Universum geschaffen hat, sind, stellen die andere Wahlmöglichkeit dar.

Nimm einmal an, Du wanderst durch das Gebirge und stößt auf zwei Seen, wo Du Deinen Durst löschen kannst. Der eine ist klein, abgestanden, mit stechendem, üblen Geruch. Der andere ist groß, klar, kühl und erfrischend. Aus welchem wirst Du trinken? Das ist natürlich Deine Wahl.

Trinke aus dem abgestandenen See, und Deine Erfahrung wird unangenehm, vielleicht sogar widerlich sein. Trinke aus dem klaren, kühlen See und Du bist unmittelbar erfrischt. Darüber hinaus gibt Dir der klare See Energie, Vitalität und Lebendigkeit, die Dich auf Deinem Ausflug rasch voranbringt. Seine Anregung eröffnet Dir das Erlebnis neuer Ausblicke.

Genauso ist die Wahl, die Du in Deinem Denken hast. Entscheide Dich für Deine begrenzten, ängstlichen und urteilenden Gedanken und Du erlebst Unbehagen, sogar Krankheit. Wähle aber die unbegrenzte See von GOTTES Gedanken, und Du kannst nur GOTTES Eigenschaften erfahren.

Du gibst Deinen freien Willen nicht auf, wenn Du Dich frei dafür entscheidest, GOTTES Gedanken zu nutzen. Ganz im Gegenteil. Wenn Du die Wahl triffst, an Deine von Angstgefühlen erfüllte Schöpfung zu denken, wirst Du schnell ihr Sklave. Du wirst gefesselt durch die Grenzen, die Du selbst errichtest. Du erlebst Krankheit. Du erlebst Einsamkeit. Du erlebst Armut. Du bist ängstlich und Du mißtraust anderen. Du fühlst Dich zerbrechlich und verwundbar. Diese Illusionen machen Dich zum Sklaven. In dieser Verfassung kannst Du nicht weitergehen auf der Straße des Lebens und dabei frei Deine Entscheidungen treffen und frei das unbegrenzte Vergnügen von Liebe, Fülle, Frieden und Glück erleben.

GOTTES Gedanke garantiert Deinen freien Willen. Innerhalb dieses Gedankens gibt es unendlich viele richtige Wahlmöglichkeiten. Sie sind "richtig", weil der gewählte Gedanke immer zu einer Erfahrung von GOTTES Eigenschaften führt.

Jeder hat die Wahl, glücklich zu sein, wohlhabend zu sein, geliebt zu werden und erfolgreiche Projekte zu haben. Weil das der Fall ist, gibt es wirklich nur eine Wahl - die Wahl, einzutauchen in den Bottich aus Liebe, der GOTTES Gedanke genannt wird. In diesem Bottich gibt es unendlich viele Möglichkeiten für Dich, das mächtige Spiel der Schöpfung mit der Erfahrung von GOTTES Eigenschaften immer wieder zu spielen.

Spring nicht überhastet hinein in GOTTES Gedanken, oder Du wirst nur das erleben, was Du Dir vorstellen kannst. Deine Wahlmöglichkeiten sind beschränkt durch Dein eigenes beschränktes Bewußtsein, wahrscheinlich gefesselt durch gewisse Ängste. Du kannst leicht vorhersehen, welche Art von Erfahrung resultieren wird.

Das ist das Wesentliche dieses Kurses. Du hast gelernt, Dein Denken zu korrigieren. Du tust das, indem Du EINS bist mit Deinem ganzen SELBST und seine Führung empfängst. Du kennst jetzt einen sicheren Weg, herauszufinden, welche Gedanken korrigiert werden müssen und wie sie zu korrigieren sind. Du hast einen sicheren Weg, Deine wahren Wünsche manifest werden zu lassen.

An diesem Punkt ist es leicht, in Selbstzufriedenheit zu verfallen. Vorsicht! Selbst mit diesem großartigen Wissen mußt Du stets wachsam und gewissenhaft in Deinem Denken sein. Es geschieht mehr und mehr automatisch, auf GOTTES unerschöpflichen Reichtum an Gedanken eingestellt zu sein. In diesem heiklen Stadium jedoch ist die Stimme wie ein UKW-Empfänger, der gelegentlich von dem eingestellten Sender wegdriftet. Du kannst dann - sogar ohne es zu wissen - auf einmal anfangen, einen anderen Sender zu hören, es sei denn, Du hast diesen Empfänger unter Kontrolle.

Sei gewissenhaft in Deinem Denken. Weigere Dich, irgend etwas zu denken, was eindeutig eine Illusion aus Deiner Produktion ist. Ein sicheres Zeichen dafür, daß Du in Illusionen verstrickt bist, ist es, wenn Deine Gedanken in die Vergangenheit oder in die Zukunft abschweifen. Keines von beiden existiert. Was in Deiner Erinnerung oder Vorstellung stattgefunden hat, sind bestenfalls Fragmente und Bruchstücke. Es hat wenig Ähnlichkeit mit der WAHRHEIT. Aller Wahrscheinlichkeit beschäftigst Du Dich damit in einer gewissen Angst, daß es sich wiederholen wird oder auch nicht wiederholen wird. Angstvolle Gedanken können nur eine unglückliche Erfahrung ergeben.

Die Zukunft ist genauso eine Illusion. Sie ist ganz klar Deine Phantasie. Normalerweise haben Deine Gedanken über die Zukunft auch ein Element der Angst, daß irgend etwas passieren wird oder nicht passieren wird.

Gedanken über die Zukunft und die Vergangenheit sind sichere Zeichen dafür, daß Du Dich mit einer Illusion befaßt. Löse Dich augenblicklich davon. Ändere Dein Denken. Schwenke zurück in die Gegenwart. Lausche den gegenwärtigen Geräuschen. Rieche, was in Deiner Umgebung ist. Schau hin. Es ist alles aufregend. Die Gedanken GOTTES existieren nur in der Gegenwart. Dort erlebst Du SEINE Eigenschaften.

Wenn Du Gedanken von Armut bemerkst, höre damit auf. Denke *'Fülle'*. Zähle Deine Segnungen. Verweile bei all den Dingen, die Du wirklich hast. Fühle den Reichtum. Nur mit diesen Gedanken kann sich die Erfahrung von Wohlstand manifestieren. Und mache um Himmels willen niemals Witze darüber, arm zu sein.

Wenn Du Gedanken darüber bemerkst, daß Du nicht geliebt würdest, höre damit auf. Sende Gedanken der Liebe an alle und alles in Deiner Umgebung aus. Sei gewiß, daß Du Dich selbst liebst. Fühle diese Liebe. Nur mit diesen positiven Gedanken der Liebe kannst Du die Erfahrung, geliebt zu werden, manifestieren.

Wenn Du bei Deinen Tätigkeiten Gedanken des Versagens bemerkst, höre damit auf. Es ist entscheidend für den Erfolg, daß Du *'Erfolg'* denkst. Visualisiere, daß Du gegenwärtig eine erfolgreiche Person bist bei dem, was Du gerade tust. Was immer Du auch in diesem Moment gerade tust, sei gewiß, daß es erfolgreich ist; sei es nun, daß Du das Auto wäschst oder Geschirr spülst, eine Mahlzeit zu Dir nimmst, einkaufst oder ein Geschäftsabkommen abschließt. Sei für diesen momentanen Augenblick gewiß, daß Du erfolgreich bist. Mache es Dir zur Gewohnheit, erfolgreiche momentane Augenblicke zu leben. Sei vorsichtig und wachsam, nicht in Gedanken bei der Zukunft zu verweilen. Bleibe nur in der Gegenwart. Die Zukunft kommt nie.

Du mußt jetzt stets gewissenhaft in Deinem Denken sein. Wenn Du in die Illusion verfällst, kehre jedesmal und immer wieder zurück. Werde niemals müde, zu GOTTES Gedanken zurückzukehren.

Die meiste Zeit erkennst Du, wenn Du nicht korrekt denkst. Richte die ganze Woche besondere Aufmerksamkeit darauf. Übe Gewissenhaftigkeit. Du hast den freien Willen, Deine Gedanken und Erfahrungen umzukehren.

Natürlich hat Dein HÖHERES SELBST eine helfende Hand für Dich, indem es Dich jetzt mit immer stärkerer Intuition führt. Höre darauf und handle nach dieser zuverlässigen Intuition.

Neben Deiner Intuition hast Du vielleicht im Bereich Deines physischen Körpers irgendein Zeichen von Deinem HÖHEREN SELBST bemerkt, das Dich auf einen negativen Gedanken hinweist. Es ist normalerweise unangenehm, und wenn Du es bekommst, dann weißt Du einfach, daß Dein Denken oder Handeln unpassend ist.

Bitte Dein HÖHERES SELBST in dieser ganzen Woche während Deiner Versenkungen in die Stille, Dir Dein "negatives Zeichen" zu geben. Dann lehne Dich zurück und erlebe das Gefühl, die Bewegung oder was auch immer. Werde sehr vertraut damit und laß es während Deiner Aktivitäten von jetzt an zu Dir sprechen. Mache jedesmal, wenn Du es bekommst, unmittelbar die Korrektur in Deinem Denken oder Handeln, die nach Deinem Wissen erforderlich ist.

Du bist dabei, schnell ein wahrer MEISTER der Schöpfung zu werden. Deine Schöpfung ist ausschließlich erfüllt von Erfolg, Wohlstand, Gesundheit, Liebe und Frieden. Alle Eigenschaften GOTTES stehen Dir zu Verfügung, damit Du sie ständig erfährst.

Zweiundzwanzigste Woche

Kanäle für Wahrheit Öffnen

Manchmal kommt es Dir vielleicht so vor, als würde Dein Verstand diesem Wissen immer noch Widerstand leisten. Natürlich ist das nicht ganz richtig - aber es ist, als gäbe es zwei oder mehr Teile von Dir, jeder mit unabhängigen Ideen und Bestrebungen. Dein Kopf ist ein solcher Teil.

Seit einer Ewigkeit hat Dein Kopf das Kommando gehabt. Du bist dazu erzogen worden, Deinen Kopf zu gebrauchen. Seine Logik zu lernen und seine Neuronen zu trainieren, dafür wird in dieser Welt Spitzenwerbung gemacht. Der Kopf ist König. Jobs, bei denen die Fähigkeiten eines geschulten Kopfes erforderlich sind, werden besser bezahlt. Die Intelligentia ist eine Elite. Sie leben sogar in eigenen Ghettos.

Auf einmal wird Deinem Kopf gesagt, sich nach hinten zu setzen. Und als ob das noch nicht schlimm genug wäre, gibst Du dann auch noch die Macht an Dein Herz. Für Deinen Kopf ist das Herz bloß ein emotionaler Sahnebonbon. Es hat überhaupt keine Logik, keine systematische Art, sich etwas zu merken, keine Gewohnheiten, keine Konditionierung, und doch möchtest Du diesem Untergebenen das Kommando geben!

Ein innerer Kampf scheint darauf zu folgen. Für eine Weile läuft für Dich alles gut, während Du ganz genau diesen Lektionen folgst. Du überläßt Deinem Herzen die Führung, aus seiner Verbindung zur kosmischen Intelligenz heraus. Dann auf einmal kämpft Dein Kopf - mit seinem Training, seiner Logik und seiner Konditionierung - um sein Leben. Was sind seine Hauptwaffen? *Zweifel.*

Du gehst durch eine Periode des Zweifelns. Du bezweifelst Deine Zeichen. Du bezweifelst die Kommunikation in Deinen

Versenkungen in die Stille. Du bezweifelst sogar die Weisheit dieses Kurses. Du bezweifelst Deine natürliche Fähigkeit zur Manifestation. Dies ist der einzige Weg, auf dem Dein Kopf glaubt, die Oberhand zurückgewinnen zu können. Er argumentiert aktiv. Er ruft seine eigenen Gedanken laut und deutlich dazwischen. Du mußt einfach zuhören. Das sind die Gedanken, an die Du gewöhnt bist. Sie haben Dich seit Ewigkeiten angeschrien. Sie sind ganz genau der Grund, warum Du nicht die ganze Zeit die Erfahrung von GOTTES Eigenschaften machst.

Es entspricht nicht dem Wesen des Herzens, Gegenargumente zu bringen. Das hat es nicht nötig. Es weiß, daß der kleine Kopf auf lange Sicht nie gewinnen kann. Das Herz kennt sein eigenes göttliches Wesen, seine Unsterblichkeit und seine Verbindung mit dem Kosmos. Nichts, was der Kopf schreit, kann auch nur ein bißchen in seine feste Schale eindringen. Nichts. Deshalb bleibt das Herz einfach friedlich, sanft und all-wissend.

Kommt Dir das nicht bekannt vor? Das tut es wahrscheinlich. Wenn der Kopf seinen Willen durchgesetzt hat, dann hast Du zweifellos diesen Kurs schon mehrmals angefangen und aufgehört, bevor Du bis zu diesem Punkt gekommen bist. Vielleicht mußtest Du Dir zwei Wochen Zeit nehmen, um durch einige der Lektionen durchzukommen. Oder vielleicht gehörst Du zu den Glücklichen und hast dieses plappernde Kind, das nach Aufmerksamkeit schreit, einfach ignoriert.

Nimm in dieser Woche wahr, wie der Kopf nach Aufmerksamkeit schreit, und sei Dir darüber klar, warum das so ist. Nimm es wahr, aber laß Dich nicht hineinziehen. Zu guter Letzt wird der Kopf seine eigenen wahren Segnungen erkennen. Er wird weder in die Vergessenheit verbannt noch auf eine zweitklassige Position verwiesen. Statt dessen kaufst Du ihm neue Computerhardware mit einem eröffneten Konto für Software. Damit kann der Kopf alles haben, was er wissen möchte. Er wird nicht auf das beschränkt sein, was er in seine Ausbildung hineinzwängen konnte oder an was er sich aufgrund Deiner wenigen

Erfahrungen erinnern konnte. Immer, wenn Du dann Deinen Kopf um Hilfe bittest, liefert er mit absoluter Genauigkeit. Sein Erfolg ist garantiert. Das Herz wird sein bester Freund - nein, sein unzertrennlicher Gemahl. Tatsächlich ist es sogar eine innere königliche Hochzeit. Wie das Wasserstoffatom (H), so kann er wirklich nicht alleine existieren. Das Wasserstoffatom ist für sich alleine instabil, deshalb verbinden sich zwei Atome. Es wird in der Natur als H_2 gefunden. Kopf (**H**ead) und Herz (**H**eart) ergibt genauso H_2.

Bis hierher hat dieser Kurs Deine stillen Versenkungen mit dem Zeichen von Deinem HÖHEREN SELBST als *die* Form der Kommunikation mit Deinem HÖHEREN SELBST hervorgehoben. Du stimmst Dich ein auf die Gedanken, die - wie Du weißt - von Deinem HÖHEREN SELBST kommen. Diese Versenkungen in die Stille sind nun jedoch nicht die einzige Möglichkeit, wie Dein HÖHERES SELBST mit Dir in Kontakt treten kann. Sie sind vielleicht nicht einmal der beste Weg für Dich. Sie sind aber die Grundlage und das Rückgrat.

Wenn Du jemals das Gefühl hast, daß es vielleicht einen anderen guten Weg gibt, um mit Deinem HÖHERES SELBST zu kommunizieren, so habe keine Bedenken davor. Vergewissere Dich nur, daß Du die gleichen Sicherheitsvorkehrungen triffst. Empfange immer das Zeichen von Deinem HÖHEREN SELBST. Es ist immer da, wenn Du wirklich mit Deinem HÖHEREN SELBST kommunizierst. Verschließe jedesmal Deine Aura gegen alles, mit Ausnahme Deines HÖHEREN SELBST, und reinige Deine Aura von unwillkommenen Einflüssen, sooft es nötig ist. Bevor Du eine andere Form der Kommunikation ausprobierst, frage Dein HÖHERES SELBST in der herkömmlichen Weise, ob es in Deinem höchsten und weisesten Interesse liegt, auf jene andere Art zu kommunizieren. Benutze Deine "ja"- und "nein"-Zeichen und ignoriere eine "nein"-Antwort nicht.

Es gibt viele Arten für solch eine Kommunikation. Das Ouija-Brett ist populär, wie auch die Tarot-Karten. Selbst ein Standardkartenspiel kann zum Kommunizieren benutzt werden, wenn die Bedeutung der Karten vorher klar festgelegt ist. Eine neuerdings wieder aufkommende Methode benutzt die Runen. Das Pendel ist auch sehr beliebt.

Ein leichter Tisch kann benutzt werden. Zwei Leute legen ihre Hände leicht auf den Tisch, wobei sie sich gegenüber sitzen. Sie verschließen ihre Aura gegen jeden unwillkommenen Einfluß, erklären ihr hohes spirituelles Ziel und werden eins mit GOTT. Dann bitten sie, daß sich das HÖHERE SELBST für einen von ihnen durch Anheben des Tisches bemerkbar macht. Zwei der vier Tischbeine werden sich in Richtung auf einen von beiden heben, wenn beide vollkommen EINS geworden sind mit GOTT und miteinander. Es dauert vielleicht ein paar Minuten in stiller Versenkung. Von da an ist das weitere Vorgehen das gleiche wie in Deinen stillen Versenkungen. Dreimaliges leichtes Klopfen des Tisches bedeutet "ja". Es bedeutet auch, daß das, was Du laut sagst, korrekte Mitteilung von Deinem HÖHEREN SELBST ist. Einmaliges leichtes Klopfen heißt "nein". Ihr könnt beide mit demselben HÖHEREN SELBST kommunizieren, da Ihr ja im Grunde EINS seid.

Wenn sich der Tisch das erste Mal hebt, dann frage: "Ist der Tisch frei von unwillkommenen Einflüssen?". Heile alle Einflüsse, bis Du eine "ja"-Antwort auf diese Frage bekommst. Dann bitte das HÖHERE SELBST, sich selbst zu identifizieren, indem es die Buchstaben seines Namens einzeln nacheinander klopft. Sei während der gesamten Kommunikation auf der Hut vor irgendwelchen unwillkommenen Einflüssen und heile sie, wenn nötig.

Wenn Du einen lieben Menschen hast, der diesen Kurs gewissenhaft bis zu diesem Punkt gemacht hat, dann könnt Ihr beide Eure Kommunikationsfähigkeit üben, indem Ihr einen leichten Tisch benutzt. Ihr müßt glauben - sogar *wissen* -, daß sich der Tisch heben wird, oder diese Form der Kommunikation wird nicht funktionieren. Wenn Euer Kopf Zweifel einstreut, dann müßt Ihr vielleicht warten, bis Euer Kopf und Euer Herz stärker in Einklang gekommen sind.

Die Hauptübung für diese Woche ist noch eine andere Form der Kommunikation: Schreiben. Gehe an jedem Tag dieser Woche wie üblich in die Stille. Schreibe dann, anstatt sie auszusprechen, die Mitteilungen nieder. Das soll nicht angeberisch wirken. Es ist nicht automatisch in dem Sinne, daß Du die Kontrolle darüber verlierst, was der Schreibstift macht. Du schreibst einfach nur die Mitteilungen, die Du bisher ausgesprochen oder gedacht hast, auf. Erkenne, wie leicht und mühelos das ist. Urteile nicht über das, was Du schreibst. Schreibe einfach. Lies es später, um seine Bedeutung zu verstehen. Dies ist die Art, wie viele große Manuskripte geboren wurden. Es ist die Art, in der viele der großen wissenschaftlichen Durchbrüche zustande gekommen sind. Benutze diese Methode von jetzt an häufig. Wie oft warst Du während Deiner Kommunikation überrascht und beeindruckt von dem, was Du gesagt hast, nur um es wieder zu vergessen? Wenn Du diese Methode des Schreibens benutzt, dann hast Du eine Aufzeichnung.

DREIUNDZWANZIGSTE WOCHE

Von den MEISTERN Lernen

GOTT ist Licht. Du hast gehört, daß gesagt ist: "Ich bin das Licht der Welt". Licht ist Liebe, nur aus einem anderen Blickwinkel; Licht ist nämlich nichts anderes als Liebe in ihren ersten Regungen, sich zu manifestieren. Licht ist auch das am meisten vereinheitlichende Feld in der Physik. Licht ist diese universale Energie, die alles durchdringt und alles ist. GOTT ist Licht. Licht ist Liebe.

Also bist auch Du dieses Licht. Du wurdest als Ebenbild GOTTES geschaffen. Du bist Licht - das gleiche Licht, das GOTT ist. Das gleiche Licht ist *alles*. Das gleiche Licht ist Liebe.

Nur in diesem kleinen winzigen Teilbereich von Dir, den man "physisch" nennst, scheinst Du nicht Licht zu sein, obwohl in WAHRHEIT sogar Dein physischer Körper Licht ist. Dein physischer Körper ist in der Tat nur ein sehr kleiner Teil Deines Seins. Er ist ein wunderbares Vehikel für diese physische Ebene. Er schließt Dich in Raum und Zeit ein. Es ist wegen Deines physischen Körpers, daß Du hier jetzt bist - hier und jetzt, zu dieser Zeit an diesem Ort. Es ist hier und jetzt, wo Du lernen kannst, daß Deine wahre Identität GOTTES Licht ist.

Dein Körper ist ein vollkommener Ausdruck des Göttlichen auf dieser Ebene. Sein Nervensystem ist Deine "Bordcomputer"-Hardware. Damit erfaßt Du all die Liebe und Güte, die Dich umgibt. Durch Deinen physischen Körper lernst Du, den wahren Grund für Deinen Körper zu transzendieren - das Hier und Jetzt, Raum und Zeit.

In Wirklichkeit bist Du ein Körper aus Licht ohne Grenzen. Doch in diesem Lichtkörper bist Du einmalig und eine individuelle Manifestation GOTTES. Im Zentrum Deines Seins hat Dein eigenes Licht eine konzentriertere Form, aber Dein Licht durchdringt die ganze Schöpfung.

Dieser Lichtkörper ist Dein HÖHERES SELBST. Er ist leuchtender, überwältigender, schöner und strahlender, als Du es Dir - mit Deinen physischen Augen - überhaupt vorstellen kannst. Er hat Farben, die noch nie wahrgenommen wurden. Er ist wahrhaftig die volle Herrlichkeit, die GOTT ist, und alles, was Du bist. GOTT SELBST ist nicht schöner und nicht umfassender, weil Du als Ebenbild GOTTES geschaffen bist.

Das Licht ist Wirklichkeit. Jede Wahrnehmung, die nicht dem vollen Wert dieses Lichtes entspricht, ist bestenfalls eine Reflexion davon. Sobald wir einen kurzen Blick von der Reflexion erhaschen, ändert sich unser Leben. Das ist das Ziel dieses Kurses - zuerst diese Reflexion wahrzunehmen.

Große Teleskope der Welt suchen den Himmel nach der WAHRHEIT über den Kosmos ab. Sie benutzen große Spiegel, die das Licht des Himmels reflektieren und verstärken. Die Reflexion eines kleinen Sternes füllt Bände in den Annalen der Astronomie.

Es ist das gleiche für Dich. Du suchst nach *Deinem* Licht, das unermeßlicher ist als der Himmel. Und wenn Du auch nur eine Reflexion eines *einzigen* Strahles siehst, dann fühlst Du Dich fröhlich gestimmt und wie neugeboren. Dieser eine reflektierte Strahl ist genug, um Deine Dunkelheit zu vertreiben. Er ist genug, um Dir eine Kostprobe Deines SELBST zu geben. Er ist genug, um Dich mit WAHRHEIT bekannt zu machen. Er ist genug, um Dir die Erfahrung von GOTTES Eigenschaften zu bringen.

Durch das systematische und tägliche Üben dieser Lektionen hast Du begonnen, das Licht Deines SELBST zu sehen. Auch wenn es nur eine Reflexion ist, es ist doch ein kurzer Blick auf das, was Du wirklich bist, was Dein wahres Wesen ist. Dieser Kurs ist das Teleskop für Dein sich ständig erweiterndes *Bewußt*sein Deines Himmels.

Dein Licht ist leicht - gewichtslos. Es schwebt und durchdringt alles. Es garantiert Dein EINS-Sein mit allem. Selbst Dein *Bewußt*sein nur eines Strahles von Deinem Licht ist genug, um Deine vollständige Geschichte zu erzählen. Schon *ein* Strahl des perfekten Laserlichtes erzählt seine ganze Geschichte, und schon *ein* Bruchstück eines Hologramms ergibt sein ganzes Bild. Dieses Naturphänomen wiederholt sich für Dich. Erkenne nur einen Deiner Lichtstrahlen und Du kennst Dein ganzes SELBST. Dieser eine Strahl trägt alle WAHRHEIT in sich, alles Wissen, alle Vollkommenheit GOTTES, alle Liebe und alle Eigenschaften GOTTES.

Viele von GOTTES Kindern kennen ihre wahre Natur und leben das Licht. Einige haben nie den Kontakt dazu verloren. Sie haben sich nie von ihrer Quelle getrennt. Andere sind zu ihrem wahren Zustand zurückgekehrt - auf ziemlich die gleiche Weise, wie Du jetzt zurückkehrst. Wie auch immer ihre Vergangenheit gewesen sein mag, sie helfen Dir auf jegliche Art, die Du zuläßt.

Es gibt viele Namen für diese Seelen: MEISTER, die ERLEUCHTETEN, die HEILIGEN, AVATARE oder HOCHENTWICKELTE SEELEN, um nur einige zu nennen. Der wichtige Punkt ist der, sich vor Augen zu halten, daß sie das gleiche sind wie Du. Natürlich ist ihr Bewußtsein vollständig, denn sie wissen, daß sie Lichtkörper sind, als Ebenbild GOTTES geschaffen. Sie leben ihr volles Potential.

Es ist sehr wichtig, dieses zu verstehen: sie sind das gleiche wie Du. Einige haben einen physischen, menschlichen Körper und sind hier und jetzt da, um Dir zu helfen. Andere sind nicht mit einem physischen Körper im Hier und Jetzt. Sie führen und lehren Dich einfach nur von einer anderen Ebene aus, wo Du auch existierst.

Es gibt tausend und abertausend solcher MEISTER, die jetzt der Menschheit helfen. Sie haben die Bürde auf sich genommen, die Menschheit zur Ganzheit zurückzubringen - die gesamte Menschheit EINSwerden zu lassen mit dem HÖHEREN SELBST der Menschheit.

Die Namen von einigen dieser MEISTER sind wahrscheinlich bekannt. Jesus, Mohammed, Buddha und Babaji sind einige wenige. Es gibt auch jetzt eine große Anzahl von MEISTERN auf der Erde mit ihren Anhängern. Einige sind wohlbekannt. Andere sind nur einigen wenigen bekannt. In jedem Fall ist ihre Rolle die gleiche: die Menschheit behutsam zur Göttlichkeit zurückzuführen.

Diese MEISTER leben in vollem Einklang mit ihren Lichtkörpern. Ihre Gegenwart (mit oder ohne Körper) bringt eine geistige Erhebung. Liebe pulsiert überall. Freude und Glück übertönen Probleme. Angeregte Energie strömt. Es ist kein Wunder, daß die Leute in Scharen strömen, um in der Nähe der MEISTER, die einen physischen Körper haben, zu sein.

Die Lektion dieser Woche soll Deine Kommunikation erweitern und ein oder zwei dieser MEISTER einschließen. Das ist nichts Neues für Dich. Du hast Dein ganzes Leben lang Führung und Nachhilfe von ihnen erhalten. Zweifellos sind sie der Grund, daß Du diesen Kurs ansprechend fandest.

Das Verfahren zur Kommunikation mit einem MEISTER ist das gleiche wie das zur Kommunikation mit Deinem HÖHEREN SELBST. Frage während Deiner stillen Versenkung, ob es einen MEISTER gibt, der mit Dir kommunizieren möchte. Falls Du ein "nein"-Zeichen bekommst, versuche es später, wenn die Bedingungen vielleicht günstiger sind. Wenn Du ein "ja" bekommst, bitte den MEISTER, Dir seinen oder ihren Namen zu geben. Höre genau hin. Wenn Du glaubst, Du hast den Namen, frage Dein HÖHERES SELBST mit Hilfe der "ja"- und "nein"-Zeichen. Du kannst auch darum bitten, den Namen buchstabiert zu bekommen, indem Du die Bewegungen Deiner "ja"- oder "nein"-Zeichen benutzt, um das Alphabet "abzuklopfen". Der Name kann so vertraut sein wie *Jesus*, oder er kann Dir völlig fremd sein. Dann bitte den MEISTER, Dir ein Zeichen zu geben. Sitze bequem und entspannt und warte darauf. Das ist das gleiche Vorgehen, was Du benutzt hast, um das Zeichen von Deinem HÖHEREN SELBST zu bekommen. Es kann eine Bewegung, eine Empfindung, eine Vision, ein Geräusch oder sonst etwas sein, was unwillkürlich ist und leicht von Dir erkannt wird. Überprüfe das Zeichen mit Deinem HÖHEREN SELBST und mit Deinen "ja"- oder "nein"-Zeichen. Wenn Du ein klares, bestätigtes Zeichen hast, kannst Du kommunizieren. Sprich aus, was bei Dir ankommt, und überprüfe dabei regelmäßig mit Deinem "ja"- oder "nein", ob das, was Du sagst, richtig ist. Fahre fort, bis Du fühlst, daß die Kommunikation vorbei ist, und der MEISTER sagt, sie sei vorbei, wiederum mit Hilfe Deiner "ja"- oder "nein"-Zeichen.

Tue das an jedem Tag in dieser Woche. Du wirst vielleicht mit mehr einem in Kontakt treten, aber es spielt keine Rolle. Alle MEISTER sind vollkommen EINS mit Licht und Liebe. Sie sagen alle dieselbe WAHRHEIT.

Ein Wort zur Vorsicht ist immer angemessen. Sei Dir zu Beginn Deiner stillen Versenkung und während der ganzen Kommunikation des Zeichens von Deinem HÖHEREN SELBST gewiß, bis das Zeichen des MEISTERS seinen Platz einnimmt. Triff auch alle die anderen Sicherheitsvorkehrungen gegen unwillkommene Einflüsse.

VIERUNDZWANZIGSTE WOCHE

Wiederholen

Fahre in dieser ganzen Woche damit fort, zu praktizieren, was jetzt schon ein feste Gewohnheit ist. Sende Liebe und Licht an alle und alles - wie es Dir in den Sinn kommt, wenn Du daran denkst. Strahle insbesondere dann Liebe aus, wenn Du auf irgendein Leid oder irgendwelche Negativität stößt. Mache damit weiter, Deine Aura gegen alles - mit Ausnahme Deines HÖHEREN SELBST - zu verschließen, wenn Du in eine Menschenmenge gehst. Reinige Deine Aura immer dann von unwillkommenen Einflüssen, wenn Du das Zeichen für unwillkommene Einflüsse bekommst oder den starken Gedanken verspürst, es zu tun. Abends vor dem Schlafengehen wechsle zwischen den zwei Gewohnheiten ab, einszuwerden mit GOTT und Liebe an jeden, der Dir in den Sinn kommt, auszustrahlen. Natürlich wirst Du Deine täglichen stillen Versenkungen weitermachen. Diese müssen immer so begonnen werden, wie es sein soll, damit Sicherheit gewährleistet ist. Nimm zu Anfang immer erstmal auf, was Dir Dein HÖHERES SELBST als Mitteilung machen möchte. Stelle dann irgendwelche beliebigen Fragen und folge mit speziellen Instruktionen für den Tag.

In dieser Wiederholungswoche beginnst und beendest Du jeden Tag mit dem speziellen Gebet. Lese es einige Male langsam und mit Bedeutung. Sei Dir der Energie in Deinem Herzen bewußt und laß seine Bedeutung von Deinem Herzen in die ganze Welt ausstrahlen.

Erster Tag

Lieber GOTT, Du mein Schöpfer, ich danke Dir dafür, daß Du mich in Deinem Bilde als Schöpfer geschaffen hast. Ich danke Dir dafür, daß Du mir freien Willen gegeben hast, um alles das zu erfahren, was ich nach meiner Wahl erfahren möchte. Ich beanspruche jetzt die Weisheit, mit meinem ganzen SELBST und Deinem Gedanken in Einklang zu sein. Ich handle jetzt mit der Führung der gesamten Natur, um meine Wünsche zu manifestieren. Ich danke Dir auch dafür, daß Du mir jetzt die Weisheit verliehen hast, dabei helfen zu können, die Aura meiner Lieben von unwillkommenen Einflüssen freizuhalten. Ich bin dankbar, Dein zu sein.

Überprüfe heute während Deiner stillen Versenkung die Aura Deiner Lieben. Benutze Deine "ja"- und "nein"-Zeichen und frage einfach: *Ist es weise für mich, (Name) auf unwillkommene Einflüsse zu überprüfen?*. Heile jeden Einfluß, bis Du ein "ja"-Zeichen bekommst. Verschließe dann ihre Aura gegen alles, ausgenommen ihr eigenes HÖHERES SELBST. Diese Übung kann immer dann gemacht werden, wenn Du das Gefühl hast, sie sei nötig, aber heute legst Du besonderen Wert darauf.

Zweiter Tag

Lieber GOTT, Du mein Schöpfer, ich danke Dir dafür, daß meine eigene Verbindung mit der WAHRHEIT jetzt die ganze Welt erhebt. Es ist mein sehnlichster Wunsch, daß sich mit mir die gesamte Menschheit zur Erleuchtung aufschwingt. Ich bete, daß jeder sein eigenes SELBST-Bewußtsein wiedererkennt und SELBST-Annahme erlangt, da mir klar ist, daß ich solange nicht wirklich frei sein kann, bis alle, mit denen ich EINS bin, auch frei sind.

Nach Deiner Versenkung in die Stille wende heute eine Schöpfungsformel für die SELBST-Annahme von ein oder zwei Deiner Lieben an. Halte Dir vor Augen, daß es *Deine* Erfahrung ist, die Du manifestierst, selbst wenn sie die Nutznießer Deiner Wünsche sind. Wenn Du die Erlaubnis von der betreffenden Person hast, kannst Du heute sogar eine Schöpfungsformel für ein spezielles Problem benutzen, mit dem sich derjenige oder diejenige herumschlägt. Vergewissere Dich, daß Du die Schöpfungsformel in der Gegenwartsform anwendest.

Dritter Tag

Lieber GOTT, Du mein Schöpfer, ich danke Dir für mein unermeßliches Unterbewußtsein, das mir automatisch die Erfahrungen zuteil werden läßt, die ich erfahren möchte - so wie ich es ihm gesagt habe. Ich erkenne meine Vollkommenheit auf jeder Ebene. Selbst in meiner Beschränktheit bei dem, was ich glaube, manifestieren zu müssen, danke ich Dir dafür, daß Du bei mir bist und mich behutsam lehrst, in Einklang mit Deinem Gedanken zu sein. Ich danke Dir für meine Träume, als ein Weg, mein wunderbares Unterbewußtsein anzusprechen und zu unterweisen.

Bitte Dein Höheres Selbst, einen Traum für Dich zu analysieren. Dann erkenne seine Botschaft und tue alles, was Du kannst, um die Änderungen Deiner Gedanken, die der Traum verlangt, zu vollziehen. Du kannst diese Technik der Traumanalyse so oft benutzen, wie Du möchtest. Sie ist ein wertvolles Hilfsmittel bei der "Umprogrammierung" Deines Unterbewußtseins.

Vierter Tag

Lieber GOTT, Du mein Schöpfer, ich danke Dir für meine Verbindung mit allen und allem in Liebe. Ich danke Dir für meine all-wissende Intelligenz, die diese Verbindung zu einer lebendigen Realität werden läßt. Ich gebe die Liebe, die ich fühle, weiter an die gesamte Schöpfung und an jede Kreatur. Ich weiß, daß unsere Verbindung von allem anderen in der Schöpfung gefühlt wird.

Gehe heute an einem Ort natürlicher Schönheit in die Stille. Wähle Dir eine Pflanze aus, werde zum geeigneten Zeitpunkt während Deiner stillen Versenkung eins mit dieser Pflanze und fühle Deine Verbindung zu ihr. Kommuniziere mit ihr durch die Liebe in Deinem Herzen. Laß Dich in dieser Kommunikation durch Dein Höheres Selbst führen und überprüfe mit Deinen Zeichen die Richtigkeit Deiner Kommunikation. Falls die Pflanze um irgendwelche Hilfe bittet, gib sie ihr. Fühle diese Einheit mit der gesamten Schöpfung überall, wo Du heute gehst.

Fünfter Tag

Lieber GOTT, Du mein Schöpfer, ich danke Dir dafür, daß Du mir Deinen Gedanken für meine Schöpfungen schenkst. Ich danke Dir dafür, daß Dein Gedanke mir nur ***die*** *Erfahrungen geben kann, die* ***Du*** *kennst - Freude, Fülle, Energie, Wissen, und mehr. Ich danke Dir für die wundervolle Gegenwart, wo Du immer bist und wo ich Deine Liebe immer und ausschließlich erfahren kann. Und, mein lieber Vater, ich danke Dir für den sanften Stups, den Du mir gibst, wenn meine eigenen Gedanken mich ganz bestimmt in Leid führen würden.*

Probe in Deiner stillen Versenkung heute Dein Zeichen für negative Gedanken. Allerdings besteht keine Notwendigkeit, zu übertreiben. Übe es einfach nur genug, um das Zeichen klar zu fühlen. Sei Dir während des ganzen Tages immer des Zeichens bewußt, wenn es kommt. Halte inne und denke nach. Dann ändere Deinen Gedanken und alle damit zusammenhängenden Handlungsweisen.

Sechster Tag

Lieber GOTT, Du mein Schöpfer, ich danke Dir für das Wissen dieses Kurses. Ich wünsche sehnlichst, meine Ganzheit ohne Widerstand zu erkennen. Sprich WAHRHEIT zu mir in jeder beliebigen Form, die ich vernehmen kann. Bringe mir zu Bewußtsein, was diese Form ist. Ich danke Dir für Deine Intelligenz, die auch die meinige ist. Ich nutze sie jetzt und habe teil an ihr.

Benutze für die Kommunikation mit Deinem HÖHEREN SELBST heute die Technik des Aufschreibens. Überprüfe regelmäßig mit Deinem HÖHEREN SELBST, daß das, was Du geschrieben hast, richtig ist.

Siebenter Tag

Lieber GOTT, Du mein Schöpfer, ich danke Dir für die eine Schöpfung, von der ich bin. Ich danke Dir dafür, daß Du alle ihre verschiedenen Ausdrucksformen mit mir verbunden sein läßt, damit ich niemals allein und isoliert bin. Und ich danke Dir für die Liebe Deines Gedankens, so daß diejenigen, die in Einklang mit diesem Gedanken stehen, mir WAHRHEIT und Führung geben können. Ich öffne mich für Deine WAHRHEIT, wie sie zu mir durch meine SELBST-verwirklichten Freunde gebracht wird.

Kommuniziere in Deiner stillen Versenkung heute mit einem der MEISTER, für den Du ein Zeichen bekommen hast. Nimm jegliche Führung entgegen, die für Dich zutrifft, und stelle alle Fragen, die Du möchtest; benutze dabei das gleiche Format für Fragen und für Kommunikation, das Du auch bei Deinem Höheren Selbst nimmst. Genieße die großartige Form der Liebesenergie, die Du mit Sicherheit fühlen wirst.

EINS geworden

Dies ist der Anfang. Du hast das EINSsein erfahren. Es kommt in seiner vollen Herrlichkeit mit einem Gefühl von Glückseligkeit und Geborgenheit. Dann plötzlich - wie von einem Windhauch verweht - verschwindet es. Deine alten Gedanken kommen wieder. Etwas Angst, ein klein wenig Ärger und ein Gefühl des Getrenntsein überkommen Dich. Dann verschwindet auch das, und das Gefühl des EINSseins taucht wieder auf.

Das ist das Muster, was in diesen frühen Tagen zu erwarten ist. Allmählich hält das Gefühl des EINSseins länger an, und die Rückfälle in die Ver*zwei*flung sind weniger und weniger.

Eine Sache ist sicher: Du hast jetzt die Werkzeuge, um mit Deinem Höheren Selbst und der gesamten Schöpfung EINSzusein. Die ständige Benutzung dieser Mittel an jedem Tag kann Dir ausschließlich nur permanente Erfahrungen von GOTTES Eigenschaften geben. Sie können Dir nichts anderes als die konkrete Erfahrung bringen, daß Du LICHT bist und nicht nur ein physischer Körper. Sie werden Dir nichts anderes als das Gefühl der Liebe geben, wie sie zu Dir und durch Dich fließt, denn das heißt, Dein SELBST zu fühlen.

Der tägliche Gebrauch dieses Rüstzeugs wird Dir einfach nur Zu*frieden*heit, Lebensfreude und jene innere Süße der Glückseligkeit bringen. Das sind GOTTES wahre Absichten für Dich, und wenn Du EINSgeworden bist, sind entgegengesetzte Gefühle unmöglich.

Diese Werkzeuge können Dir nichts anderes als Gedanken von WAHRHEIT und all-wissende Intelligenz bringen. Das ist Deine Grundlage für perfektes, richtiges Handeln. Ganz spontan denkst und tust Du, was am nutzbringendsten für Dich und die gesamte Menschheit ist.

Deine wahre Natur, die uneingeschränkt von Raum und Zeit ist, dämmert Dir langsam. Du bist buchstäblich überall gegenwärtig, so wie GOTT es ist. Allmählich löst sich die Zwangsjacke 'Zeit' auf. Sogar Dein Gefühl, an eine bestimmte Stelle zu gehören, wird ersetzt durch einen universellen EINklang mit dem Kosmos. Dann erfährst Du die gesamte Schöpfung nach Belieben.

Dieses Rüstzeug bringt Deine Vollkommenheit ans Licht. Auf dieser physischen Ebene verwirklichst Du vollkommene Gesundheit. Du lebst Deine Vollkommenheit und kannst die gleiche Vollkommenheit leicht in allen und allem erkennen.

Dieses Rüstzeug ist Deine Quelle für Frieden, denn Dein HÖHERES SELBST **ist** Frieden. Sanftmütigkeit wird Dir zum Wesen, ohne daß Du Deine Dynamik opfern mußt. Seelenfrieden ist der Siegerpreis, für den jeder, der ihn nicht hat, freudig sein gesamtes irdisches Vermögen hergeben würde. Er gehört jetzt Dir, aufgrund dessen, daß Dir bewußt ist, wer oder was Du bist.

Dieses Rüstzeug bringt Dir mühelos die Fülle. Bitte, und Du wirst empfangen. Wie einfach ist es jetzt, um das zu bitten, was wahrhaftig Dein höchstes Gut ist, und es zu empfangen! Die Natur ist reich, sogar verschwenderisch. Du sonnst Dich in diesem Überfluß als ein Ausdruck von GOTTES Liebe.

Du kannst jetzt, so wie GOTT SELBST es tut, ein Leben der Vergebung leben, ohne zu urteilen. Das Wissen, was Vergebung wirklich ist, verändert vollkommen Deine Auffassung von dem, was um Dich herum geschieht. Du hast die Verantwortung für Deine eigenen Erfahrungen. Du hast jetzt Anspruch erhoben auf Dein höchstes Gut. Jetzt können nur noch Erfahrungen der Freude kommen. Es gibt nichts mehr zu vergeben. Die Vergangenheit ist vergangen.

Mit diesem Rüstzeug wird Dir klar, daß Dein eigenes SELBST ein einmaliger und individueller Ausdruck der Liebe ist. Du siehst jeden anderen genauso. Liebe kann nur Liebe sehen. Über Liebe zu urteilen, macht jetzt keinen Sinn mehr. Und so entdeckst Du

Deine Fähigkeiten, alle Ausdrucksformen der Liebe zu akzeptieren und richtig einzuschätzen. Selbst die sogenannten "Sünden" von anderen werden einfach nur als korrigierbare Fehler im Denken gesehen. Keine "Sünde" ist schwer genug, um das grundlegende wahre Wesen von irgend jemandem zu verändern. Auch ein Urteil kann es nicht ändern.

Da stehst Du jetzt - an der Schwelle zu diesen Erfahrungen von GOTTES Eigenschaften. Schlüpfe für eine Weile in diese Erfahrungen hinein und wieder heraus. Dann erkenne auf einmal, daß Du für immer zu Deiner Göttlichkeit zurückgekehrt bist, die Du eigentlich nie verloren hast.

Dieses Rüstzeug ist mehr als nur ein Geschenk für Dich - es ist jetzt Deine *Verpflichtung*. Benutze es, als würde die Zukunft der Erde von Dir abhängen. Sie tut es. Deine Erfahrung des EINSseins tut mehr, als nur *Dein* Herz mit Freude zu erfüllen. Sie injiziert GOTTES Eigenschaften in die Grundstruktur von jedem einzelnen.

Jeder und alles ist verbunden. Du kannst Glückseligkeit nicht erfahren, ohne einen Schauer von Glückseligkeit an die gesamte Schöpfung zu senden. Jeder ist betroffen. Das Gefühl des EINSseins ist sehr glatt. Es bietet keinen Widerstand. Es rutscht und gleitet überallhin, während Du es von Deinem Herzen ausstrahlst.

Deine Verpflichtung gegenüber der Welt ist enorm. Dein Gefühl des EINSseins ist das einzige, was Du tun kannst, um die Erde zur Vernunft zu bringen. Nichts anderes, was Du tun kannst, wird einen dauernden Effekt haben. Nichts anderes wird einen so tiefgreifenden Beitrag leisten. Nichts anderes. Indem Du einfach Du SELBST bist, kannst Du die Welt vor dem Verderben retten.

Wenn es überhaupt eine "Sünde" gäbe, die verurteilt werden müßte (die es aber nicht gibt!), dann wäre es die, dieses Rüstzeug zu ignorieren - jetzt, da Du es hast. Es ist gleichbedeutend damit, vor Durst zu sterben, während man am Ufer eines Süßwasser-Sees zeltet.

Deine Werkzeuge sind einfach. Erstens: kommuniziere täglich mit Deinem HÖHEREN SELBST während einer Versenkung in die Stille. Beginne Deine Kommunikation exakt mit dem schrittweisen Vorgehen und empfange dabei jedesmal das Zeichen von Deinem HÖHEREN SELBST. Die Methode ist leicht und präzise. Nimm zuerst weise Ratschläge von Deinem HÖHEREN SELBST entgegen. Stelle dann Fragen, die - wie Du festgestellt hast - in Deinem höchsten und weisesten Interesse liegen. Benutze die stille Versenkung, um herauszufinden, was in Deinem höchsten Interesse manifestiert werden soll. Mit der Hilfe Deines HÖHEREN SELBST sprich dann Deine Schöpfungsformel, bis sich Deine Wünsche manifestieren.

Die stille Versenkung und die Schöpfungsformeln sind jetzt Deine wichtigsten Werkzeuge für jeden Tag. Laß sie ihren Platz in Deinem normalen Tagesablauf finden.

Zweitens: Du hast jetzt noch andere Gewohnheiten, die nicht vergessen werden dürfen. Verschließe jedesmal Deine Aura gegen alles - ausgenommen Dein Höheres Selbst -, wenn Du in eine Menschenmenge oder irgendeine negative Atmosphäre hineingehst. Reinige Deine Aura immer, wenn Du ein Zeichen für unwillkommene Einflüsse bekommst oder wenn Du die Symptome eines Einflusses verspürst (Reizbarkeit, Erschöpfung, Ärger, Launenhaftigkeit, etc.). Du solltest auch Gedanken der Liebe an alle und alles senden, wenn es Dir einfällt, besonders dann, wenn es ein Problem, einen Unfall, einen Kampf oder sonst etwas Negatives gibt.

Drittens: vergiß nicht die sanften Techniken vor dem Schlafengehen. Sende Liebe an die Leute, die in Deine Gedanken hereinplatzen, oder werde eins mit GOTTES Eigenschaften. Diese zwei Übungen beseitigen alle aufgestauten Spannungen vom Tage und bereiten den nächsten Tag für das Gefühl des EINSseins vor.

Das wäre alles. Mehr ist in diesem Grundkurs nicht zu sagen. Du kannst jederzeit irgendeines der anderen Werkzeuge, die wir untersucht haben, benutzen, wenn Du möchtest. Diese drei Schritte jedoch sind von nun an Dein Programm dafür, EINSzusein.

Willkommen zu Hause.

Anhang

Zusammenfassung von wesentlichen Übungen

Stille Versenkungen

Jede stille Versenkung beginnt mit diesen sieben einfachen Schritten:

1. Sitze bequem, mit geschlossenen Augen, und richte Deine Aufmerksamkeit auf die Liebe, die aus Deinem Herzen pulsierend in die gesamte Schöpfung strömt.
2. Reinige Deine Aura von allen unwillkommenen Einflüssen und sende Licht an alle Gedankenformen um Dich herum.
3. Verschließe Deine Aura gegen alles, ausgenommen Dein HÖHERES SELBST.
4. Werde eins mit den Eigenschaften GOTTES, indem Du an einige Eigenschaften GOTTES denkst und sie als Deine eigenen erkennst.
5. Lege den Zweck dieser speziellen stillen Versenkung fest (wie z.B. "die Kommunikation mit meinem HÖHEREN SELBST üben", "Wissen empfangen, das für diesen Augenblick geeignet ist", "aufgezeigt bekommen, wo mein Denken nicht im Einklang mit GOTTES Gedanken steht," etc.).
6. Empfange das Zeichen von Deinem HÖHEREN SELBST und behalte das Zeichen während der gesamten Sitzung.
7. Sprich die Mitteilungen aus, die Dir von Deinem HÖHEREN SELBST in Deinen Gedanken gegeben werden.

Eine stille Versenkung wird mit zwei einfachen Schritten beendet:

1. Danke Deinem HÖHEREN SELBST und GOTT für die Kommunikation von WAHRHEIT, die Dir während der stillen Versenkung zuteil wurde.
2. Verschließe Deine Aura gegen alles, ausgenommen Dein HÖHERES SELBST.

Die Aura schützen

Jedesmal, wenn Du in eine Menschenmenge gehst oder wenn Du Dich in eine negative Atmosphäre begibst, wie z.B. bei Krankheit, bei einem Unfall oder in die Nähe einer Person in Schwierigkeiten, schließe Deine Aura gegen ungünstige Einflüsse mit diesen Worten:

Ich verschließe meine Aura gegen alles, ausgenommen mein HÖHERES SELBST.

Wenn Du Dein Zeichen für unwillkommene Einflüsse bekommst, wenn Du das sehr starke Gefühl hast, Du könntest einen unwillkommenen Einfluß haben, oder wenn Du Dich niedergeschlagen, reizbar, erschöpft, gequält, wütend fühlst oder irgendeine andere Emotion / ein anderes Gefühl hast, das unpassend ist, reinige Deine Aura von allen unwillkommenen Einflüssen mit den folgenden Worten (nachdem Du die Worte gesagt hast, benutze Deine "ja"- oder "nein"-Zeichen, um herauszufinden, ob es noch weitere unwillkommene Einflüsse gibt, von denen Deine Aura gereinigt werden muß; wenn ja, wiederhole die Worte):

Allen unwillkommenen Wesen in meiner Aura sende ich Liebe und Licht.

Jeder von Euch ist ganz und geheilt.

Jeder von Euch ist aus Liebe und Licht geschaffen, und Ihr seid immer noch Liebe und Licht.

Jeder von Euch fühlt jetzt keinen Schmerz mehr, und Ihr habt keine Angst.

Jeder von Euch hat ein vollkommenes Zuhause, wohin er gehen kann, und ich bitte mein HÖHERES SELBST, (Name) , Euch jetzt dorthin zu geleiten.

Jeder von Euch gehe in Frieden!

Nachdem alle unwillkommenen Einflüsse entfernt sind, sende Liebe und Licht an alle Gedankenformen in Deiner Umgebung mit den folgenden Worten:

Ich sende Licht und Liebe an alle Gedankenformen in meiner Umgebung.

WORTE DER VERGEBUNG

Wenn Du Groll gegen irgend jemanden hegst, der Dich - wie Du glaubst - ungerecht behandelt oder verletzt hat, dann denke sinngemäß diese Worte:

Ich habe einen Fehler in meinem Denken gemacht, indem ich Dir erlaubt habe, mich scheinbar zu verletzen. Ich erkenne, daß Du bloß tust, wozu ich eingeladen habe, und daß in Wirklichkeit weder Du noch irgend jemand anderes mich verletzen kann. Ich bin jetzt vollkommen, war immer vollkommen und werde immer vollkommen sein. Du kannst das nicht ändern. Ich erkenne jetzt, daß das Leben dazu da ist, um Dir Liebe zu geben.

Eine verkürzte Form kann lauten:

Ich sende Dir Liebe aus meinem Herzen und ich vergebe Dir, in dem Wissen, daß es Dir unmöglich ist, meine Vollkommenheit zu verletzen.

TÄGLICHE ÜBUNGEN

Zusätzlich zu den stillen Versenkungen und den Schöpfungsformeln schließen Deine täglichen Übungen folgende Schritte ein:

1. Verschließe Deine Aura gegen alles, ausgenommen Dein HÖHERES SELBST, sooft Du in Menschenmengen, in die Nähe von Krankheit oder Negativität gehst.
2. Reinige Deine Aura immer, wenn Du Dein Zeichen für unwillkommene Einflüsse bekommst, wenn Du ein sehr starkes Bedürfnis dazu hast und wenn Du Symptome der Einflüsse verspürst (wie z.B. Reizbarkeit, Erschöpfung, Launenhaftigkeit oder Übellaunigkeit), und sende dann Liebe und Licht an alle Gedankenformen in Deiner Umgebung.
3. Sende während des ganzen Tages Liebe aus Deinem Herzen an alle und alles, wenn Du daran denkst, und fühle, wie diese Liebe tatsächlich ausgestrahlt wird und dann zu Dir zurückkehrt.
4. Sende den Gedanken von Vergebung immer dann, wenn in Deinem Denken Groll aufsteigt oder wenn Dich anscheinend jemand verletzt hat oder verletzt.

Am Abend vor dem Schlafengehen hast zwei Übungen, die Du abwechselnd machen kannst:

1. Werde eins mit GOTT, indem Du an GOTTES Eigenschaften denkst und sie als Deine eigenen in Anspruch nimmst.
2. Sende Liebe und Vergebung an Deine Freunde, Deine Familie und an alle und alles, wie es Dir gerade in den Sinn kommt.

SCHÖPFUNGSFORMEL

GOTT und ich beanspruchen und akzeptieren Gedanken mit Vergebung und Dank. Amen.

1. *GOTT und*
2. *ich*
3. *beanspruchen und akzeptieren*
4. *Gedanken mit*
5. *Vergebung und*
6. *Dank.*
7. *Amen*

Beispiel für SELBST-Annahme

1. GOTT und .

GOTT ist Liebe. GOTT ist Licht - WAHRHEIT. GOTT ist Glück, Freude und Glückseligkeit. GOTT ist all-wissende Intelligenz. GOTT ist überall gegenwärtig. GOTT ist Vollkommenheit. GOTT ist Frieden und Sanftmütigkeit. GOTT ist unendliche Energie. GOTT ist Fülle. GOTT urteilt nie.

2. ich

Ich bin als Ebenbild GOTTES geschaffen. Ich bin erschaffen mit denselben Eigenschaften, die auch GOTT hat. Ich bin eins mit GOTT. Deshalb: Ich bin Liebe. Ich bin Licht - WAHRHEIT. Ich bin Glück, Freude und Glückseligkeit. Ich bin all-wissende Intelligenz. Ich bin ebenso allgegenwärtig. Ich bin Vollkommenheit. Ich bin Frieden und Sanftmut. Ich bin unendliche Energie. Ich bin Fülle. Ich urteile nie.

3. beanspruchen und akzeptieren

Ich beanspruche meine SELBST-Annahme. Und ich akzeptiere meine SELBST-Annahme.

4. Gedanken mit

Ich heile und lasse Gedanken los, daß ich an einen Körper gebunden bin. Ich heile und lasse Gedanken los, daß ich unbedeutend und unwürdig bin für GOTTES Geschenke. Ich heile und lasse Gedanken los, daß ich häßlich und schwach bin. Ich weiß, daß ich allgegenwärtig, frei, schön, vollkommen und würdig bin für alles, was mein VATER für mich hat. Ich heile und lasse alle Gedanken los, die ich vielleicht habe und die diesem Anspruch, wissentlich oder unwissentlich, bewußt oder unbewußt, im Wege stehen. (Befasse Dich mit einigen spezifischen Gedanken.) Meine Gedanken sind jetzt eins mit, die gleichen wie und in Einklang mit GOTTES Gedanken.

5. Vergebung und

Ich erkenne, daß mich niemand verletzen kann, ohne daß ich ihn dazu eingeladen habe. In diesem Wissen vergebe ich jedem, der mich jemals scheinbar verletzt oder ungerecht behandelt hat. Ich erkenne jetzt, daß es in Wahrheit nichts zu vergeben gibt. Mein Herz ist in einem Zustand des Vergebens - einem Zustand des Vergebens von Liebe.

6. Dank

Ich danke GOTT für meine SELBST-Annahme.

7. Amen

Ich übergebe diesen Anspruch GOTT und den Naturgesetzen der Schöpfung. Mein Anspruch ist jetzt erschaffen. Das ist die Natur des Naturgesetzes. Amen.

Leben aus dem Sein
Ein Buch über Babaji

von Radhe Shyam
368 Seiten
14 Fotos, 15 x 21 cm,
ISBN 3-926388-17-X — Euro 16,36

Ich bin Du - BABAJI
Botschaften des Meisters vom Himalaya
Maria Gabriele Wosien (Hrsg.)
118 Seiten, 11 Fotos
11,5 x 18,5 cm, ISBN 3-926388-2 — Euro 8,59

Das Buch des Lebens
v. Radha-Magdalena Bambeck
120 S., Leineneinband mit Goldschnitt,
11 x 15,5 cm, ISBN 3-926388-13-7 — Euro 6,54

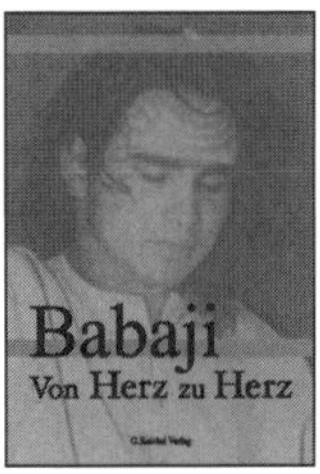

Babaji-Von Herz zu Herz

von Gertraud Reichel (Hrsg.)
224 Seiten, 15x21 cm
ISBN 3-926388-20-X — Euro 12,68

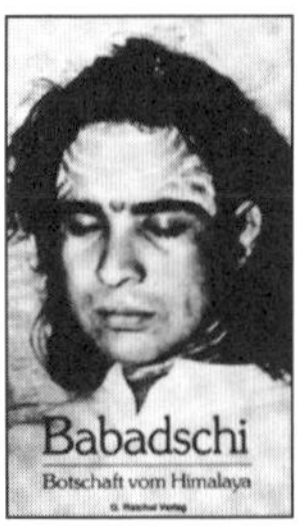

BABADSCHI
Botschaft vom Himalaya
von Maria-Gabriele Wosien,
mit zahlr. Abbildungen, erweitert um das
Kapitel „Der Weise Vasishta“, 135 S.
11,5 x 18,5 cm, ISBN 3-926388-00-5 — Euro 10,12

G. Reichel Verlag, Reifenberg 85, D-91365 Weilersbach, Tel. 09194-8900, Fax 09194-4262

Das Abenteuer einer Transformation

12 Jahre bei Babaji

von Gora Devi
216 Seiten, Übersetzung aus dem Italienischen
zahlreiche Fotos, 14,5 x 21 cm
ISBN 3-926388-28-5 Euro 16,36

BABAJI spricht:

Prophezeiungen und Lehren

190 S., 6 Fotos, 11,5 x 18,5 cm
ISBN 3-926388-03-X Euro 8,59

Babaji - Am Quell der Wahrheit

in Haidakhan Vishwa Mahadham

von Shdema GooEuroann,
Übersetzung aus dem Amerikanischen 144 Seiten, 7 Fotos
11,5 x 18,5 cm, ISBN 3-926388-08-0 Euro 8,59

Unergründlich tief wie das Meer: Babaji - 108 Begegnungen

G. Reichel (Hrsg.), 130 Seiten, 11,5 x 18,5 cm
ISBN 3-926388-22-6 Euro 9,20
Auch in Englisch erschienen

BABAJI - Pforte zum Licht

Ein Erlebnisbericht

von Gertraud Reichel, 168 S., 9 Fotos
14,5 x 21 cm , ISBN 3-926388-12-9 Euro 10,12
Auch in Englisch und Japanisch erschienen

G. Reichel Verlag, Reifenberg 85, D-91365 Weilersbach, Tel. 09194-8900, Fax 09194-4262

Das Lebenselixier

von Edward Bulwer-Lytton, Übersetzung aus dem Englischen, 440 Seiten geb., 14 x 20,5 cm
ISBN 3-926388-50-1 EURO 15,24

Mystischer Roman um ein geheimnisvolles Lebenselixier.

Alles ist Eins

von V. Subramaniam
75 Seiten, gebunden, 11,5 x 18 cm
ISBN 3-926388-61-7 EURO 10,10

Erkenne und erreiche Deinen wahren Zustand.
Bisher unveröffentlichte alte indische Weisheiten.

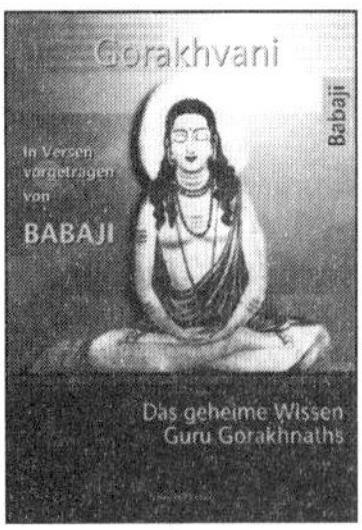

Das geheime Wissen Guru Gorakhnaths

von Gorakvhani / Babaji,
103 Seiten, gebunden, 15 x 21,5 cm
ISBN 3-926388-59-5 EURO 11,00

Babaji gibt die Lehren und Reden Gorakhnaths wieder.

Kontakte mit Körperzellen

von Dorothea Geradis-Emisch
94 Seiten geb., 15 x 21,5 cm
ISBN 3-926388-62-5 EURO 13,30

Eine Anleitung zur Kontaktaufnahme mit den eigenen Körperzellen und den Körperzellen anderer Menschen.

G. Reichel Verlag, Reifenberg 85, D-91365 Weilersbach, Tel. 09194-8900, Fax 09194-4262

Internet: www.reichel-verlag.de E-Mail: info@reichel-verlag.de

Gespräche mit Franz von Assisi

Über die Liebe und das Leben im 21. Jahrhundert

von Peter Beck
260 Seiten, broschur
ISBN 978-3-941435-11-7 — € 14,00

Die Überwindung des Karmas

Die geistige Evolution der Menschheit.
Ihre Entstehung – ihr Fall – ihr Aufstieg

von Jürgen Majewski
168 Seiten, broschur
ISBN 978-3-941435-09-4 — € 14,95

Die Welt im Wandel

12 Schlüssel für einen Bewußtseinssprung

von Jürgen Majewski
162 Seiten, broschur
ISBN 978-3-941435-03-2 — € 14,90

Hado

Die Kraft der heilenden Schwingung

von Toyoko Matsuzaki und Natsumi Blackwell
136 Seiten, gebunden
ISBN 978-3-926388-75-9 — € 14,00

Reichel Verlag, Reifenberg 85, D-91365 Weilersbach, Tel. 09194 - 8900, Fax – 4262
Internet: www.reichel-verlag.de E-Mail: info@reichel-verlag.de

Die Spielregeln des Lebens

12 Gesetze, die unser Schicksal lenken

von Friedrich G. Scholz
168 Seiten,broschur
ISBN 978-3-941435-16-2 € 14,90

Die neue 4 Blutgruppen-Therapie

Gesundheitsprophylaxe für die 6 Blut-Untergruppen

von Dr. James Adamo & Allen Richards
328 Seiten, gebunden
ISBN 978-3-941435-13-1 € 21,90

Die Intelligenz der Liebe

Was die Liebe behindert, was sie entfesselt, wie sie das Leben tief verwandelt

von Isha Judd
200 Seiten, gebunden
ISBN 978-3-941435-24-7 € 18,50

Der Engelflüsterer

Unglaubliche Geschichten der Liebe und über ein Medium, das mit 4 Jahren die Entdeckung seines Lebens machte

von Kyle Gray
150 Seiten, broschur
ISBN 978-3-941435-30-8 € 16,50

Reichel Verlag, Reifenberg 85, D-91365 Weilersbach, Tel. 09194 - 8900, Fax – 4262
Internet: www.reichel-verlag.de E-Mail: info@reichel-verlag.de

Ich bin der Henley

Ein geretteter Hund erzählt sein Leben

Henley Harrison West & Judith Kristen
120 Seiten, gebunden, mit Farbfotos
ISBN 978-3-926388-97-1 € 11,90

Der Engel an meiner Seite

Die wahre Geschichte eines Hundes, der einen Menschen rettete ... und eines Menschen, der einen Hund rettete

von Mike Lingenfelter & David Frei
200 Seiten, brosch., 8 Fotos
ISBN 978-3-926388-95-7 € 18,50

Kleines Katzen Survival Kit

Erste Hilfe bei Alltagsdramen, Krankheiten, Unfällen, Verhaltensstörungen

von Barbara Zierdt
140 Seiten, gebunden
ISBN 978-3-94143435-00-1 € 17,90

Bruder Hengst und Schwester Katze

Faszinierendes Seelenleben der Tiere

Hörbuch – CD mit Text und Musik, 60 Min.

von Hugh-Friedrich Lorenz
ISBN 978-3-926388-92-6 € 17,90

Reichel Verlag, Reifenberg 85, D-91365 Weilersbach, Tel. 09194 - 8900, Fax – 4262
Internet: www.reichel-verlag.de E-Mail: info@reichel-verlag.de